鹤园旧影录

顾公硕 ◆ 摄影

王 道 ◆ 编注

浙江大学出版社
ZHEJIANG UNIVERSITY PRESS

蘇州一代煙景人

甲午清明節後
濱海賀野書

# 历代过云楼主人

顾文彬

（1811—1889，字蔚如）

↓

顾 承

（1833—1882，顾文彬三子）

↓

顾麟士

（1865—1930，字鹤逸，顾承三子）

↓

顾则明

（顾麟士长子，早殇）

↓

顾则久

（1892—1940，字公可，顾麟士次子）

↓

顾则扬

（1897—1951，字公雄，顾麟士三子）

↓

顾则坚

（？—1929，字公柔，顾麟士四子）

↓

顾则奂

（1904—1966，字公硕，顾麟士幼子）

　　过云者，烟云过眼之谓也，自苏轼《宝绘堂记》将收藏的聚散，譬之"烟云之过眼，百鸟之感耳"，后世不少藏家都以此两字名斋馆，如杨夒生有过云精舍，范玑有过云庐，洪家沨、顾文彬均有过云楼。如今唯顾氏过云楼尚在，其他都真已烟云过眼，了无痕迹了。顾氏源远流长，自越王勾践七代孙封于顾余，至汉初迁会稽，就指邑为姓，繁衍生息，其中顾野王一脉，至晚清顾文彬勃然兴盛。

　　顾文彬，占籍元和，字蔚如，号子山，晚号艮盦，道光二十一年（1841）进士，历官浙江宁绍台道。咸丰兵燹后，购乐桥西北隅春申君祠和尚书里弃地，先南临铁瓶巷建第宅，又北隔尚书里构义庄、祠堂，再就隙地辟园，即怡园。子山公好收藏，宋元以来佳椠名抄、珍秘善本，缥缃盈架，又广搜字画、金石、碑版等，筑过云楼，著声南北，自撰《过云楼书画记》。文孙顾麟士，字鹤逸，一生不仕，以绘画为事，又祖述先人，广综博收，又撰《过云楼书画续记》。子山公卒于光绪十五年（1889），鹤逸公卒于民国十九年（1930）。自此而后，时势嬗递，高门大族，终于星散。过云楼的旧藏，1949年后，亦由后人陆续捐献国家，归于上海、南京、北京、苏州等地。

言归正传，这本《过云楼旧影录》的主角，应该是顾公硕先生，编者将他的摄影串缀成书，且以他的事迹作主要叙述对象。公硕先生乃子山公四世孙，逸鹤公幼子，名则奂，字公硕，以字行，光绪三十年（1904）生人。余生已晚，于公硕先生唯睽仰而已，其哲嗣笃璜先生则是我的前辈，亦多承謦欬，但似也没听他多谈尊大人的事。我所知道的公硕先生，几乎都是从别人的文章看来的，或从别人的闲聊中听来的，所得印象，只是一个穿着中山装，越走越近的身影，然而至今还是模模糊糊，并不那么清晰。

即便如此，公硕先生的几件事，让我想得很多。

他去世是在1966年"文革"发动不久，当时笃璜先生在文化局任职，与钱璎、周良并列苏州"三家村"，批斗抄家，事在必然。我在陈从周先生《春苔集》里读到这样的记述："一九六六年的秋天，从苏州传来消息，说顾先生辞世了。那天因他次子笃璜关系，'造反派'去抄了他的家，要他跪下，这种无礼的行动，挫伤了他的自尊心。可是他还是礼貌地送走了抄家的人，自己却从来没有这样的打扮，短裤背心，悄悄地黑夜中出了胥门，在不到虎丘的河中自尽了，他不愿再次受辱而结束了六十几年的生命。"他投水的地方，乃在虎丘道上的一号桥，但究竟是在哪一天，至今没看到明确的说法。据说，他留下遗书："士可杀，不可辱，我先走了。"但更多的是失望，他对社会的满腔热情，满怀厚望，顿时冰散瓦解，真是"梦到好处成乌有"，精神既已坍塌，又遭受如此耻辱，就不得不死了。在这场浩劫中，他大概是弃世最早的一位苏州文化人。开吊那天，只有三人上门，周瘦鹃先生还送了一首挽诗和几粒红豆。在那样的形势下，朋友同事，人人自危，不来吊唁，亦情有可原，但也自有为了划清界线甚至落井下石者。看看当年公硕先生与一些人的合影，真让人感慨良多。

公硕先生是世家公子，前半生虽已不是绮阁金门、锦衣玉食，然而生活是无忧的。名门高第，自有家风世德，他自小熏陶，养成了儒雅质朴的性格，拿俞文豹的话来说，就是"内而存心养性、立身行己无所歉，外而待人接物、处事应世无所戾"，即所谓谦谦君子。他喜欢写写画画，自相自相照相机，因有家学渊薮，看到的字画特别多，鉴赏自然是独具眼光的，偶尔还会哼几句昆曲。1949年后，他以极大的热情投入社会文化事业，有过不少虚衔，也担任过实职，如博物馆副馆长、工艺美术研究所所长等。在他看来，什么头衔和职务，都是无所谓的，有了用武之地就好。观照他的后半生，对工艺美术方面的贡献特别显著，在挽救苏绣、缂丝、泥人、年画、雕刻等传统工艺人亡艺绝的过程中，他起了很大的作用。可以这样说，如今苏州民间工艺的璀璨烛坤，若然没有他，会逊色很多很多。即以刺绣来说，他当年筹建文联刺绣生产小组，像金静芬、朱凤、任嘒闲、周巽先、李娥英、顾文霞、殷濂君、蒋雪英、王祖识、王金山、顾金珍、朱世英等都是这个小组的成员，后来小组解散，这些人分别进入刺绣研究所、工艺美术研究所等专业单位，使得整个苏州织绣业举世瞩目。自1954年起，在他的具体指导下，苏州先后举办了"民间美术工艺品"、"灯彩"、"古今工艺美术"、"扇子"等展览，将过去视作百工末技的民间工艺，提升到前所未有的高度，引起了社会各界的重视，同时也让寻常百姓重新认识那些司空见惯的玩意儿。

公硕先生对民间工艺有广泛的兴趣，包括刺绣、家具、雕刻（竹雕、玉雕、木雕、砖雕、石雕、核雕）、泥塑、金银器、镶嵌、年画、玩具等。他是有设想去进行全面研究的，并将它作为一门学问去考察。他的方法是严谨的，也是从民间工艺的本质出发的。先是作调查，走访艺人，深入工场，用相机拍下了许多实物和它们的制作过程。那时，苏州大街小巷里的神庙祠堂还有很多，他拍下了许多塑像、陈设、匾额和建筑装折细部。同时，又做了大量的笔记和卡片，最近高福民先生正在整理，说是庞杂而零乱，正可看出他研究的广泛和积累的丰富。这一期间，他写了《顾绣和苏绣》《传统绣法名称异同表》《苏州年画》《吴友如与桃花坞木刻年画的关系》《檀龛宝相——苏州虎丘塔中发现的文物》《摩睺罗》等文章，都篇幅短，切口小，却有材料，有见解，实实在在，这自然不是随便就能做到的。遗憾的是，他还来不及对苏州民间工艺作全面梳理，就离开了这个世界。最近，海豚出版社出版了他的遗文集《题跋古今》，既是很好的纪念，又可从中看出他研究的深入、作风的严谨。比照当下，也让人感慨。不少人小有经历，就成内行，偶尔涉足，便成专家，书一本接一本出，灾梨耗楮，其实都在炒冷饭，或再抄抄别人的段落，甚至还会抄错。如果公硕先生地下有知，一定会说，"闹大笑话哉"。让他们去学公硕先生的治学态度，自然不可能，那就随他去吧，还是元好问说得好，"百年人物存公论，四海虚名只汗颜"。

再来说他的摄影。本书卷首，贺野先生有题词，"苏州第一代摄影人"，那是当之无愧的。如果追溯起来，苏州还有一位陈万里，他对中国早期摄影贡献很大：1923年，发起成立我国历史上第一个摄影艺术组织艺术写真研究会，简称光社；1924年，又出版我国历史上第一本个人艺术摄影集《大风集》。公硕先生小陈万里12岁，算是一代人。陈申先生在《中国摄影艺术史》中将陈万里推为"美术摄影"的代表，而公硕先生则是用相机作为工具的人文记录摄影家。

民国年间，摄影远未普及，自备相机，喜欢拍照，也是非公子哥儿莫办，公硕先生也不例外，起先总是从白相开始的，在当时真是时髦的玩意儿。继而又作摄影艺术化的追求，参加浪华旅行团，主持旅行团中的摄影研究社，他们的游展，到过上海、无锡、扬州、杭州、黄山、北平等地。1937年刊印的《浪华旅行团十周年纪念册》，就有他拍摄的三张照片，还有他写的一篇《旅行与摄影》，特别谈到旅行时摄影应注意的问题，都是亲身体会。凡出游前，他都预先做好功课，准备拍些什么，他在笔记本上就记下"东西山待访录"，有好几十条，他所关心的，不外是寺院、祠庙、园林、造像等。可惜的是，他拍的洞庭东西两山照片，几乎都没有留下来。即便如此，在留下的照片中，苏州题材的还是居多，主要是名胜古迹，山水风光，其中如东山席家湖安定塔、陆巷王鏊墓、石湖凉亭、横塘亭子桥、韩蕲王墓碑、北园田野、古城墙等，如今已无影踪可寻。另外，还有广泛的民生题材，如胥江木排、太湖渔船、郊外农人劳作、乡人运石上山重建穹窿山上真观，留下了民国年间城乡生活的昔年烟景，具有相当的史料价值。作为一个记录派的摄影家，随意随机拍下的自然更多，如怡园里的聚会，家族男女的瞬间，撅笛拍曲的场景。有两张特别有意思，潘子欣六十寿辰，乘画舫，游石湖，吃船菜，一张是全体在船上，一张是在舱内，留下了世俗生活的细节。徐刚毅先生在编辑《老苏州》系列图册时，大都已经收入进去。在摄影观念上，他虽然也照顾到构图和光影，但主要还是记录，并不像陈万里、郎静山那样刻意去追求绘画效果。他还在当时有影响的摄影专业杂志《飞鹰》上发表文章，如《正全色性软片的特征》《大苏打驱除法之新研究》《强力显影与舞台摄影》《滤色镜的倍数问题》等。在他晚年，则更发挥摄影最实用的功能，用来采集民间工艺的实物，载录制作过程和技艺琐碎，还翻拍了不少珍贵史料。这种文献记录技术，在当时具有先进性。

陈从周与公硕先生沾亲带故，20世纪50年代，他来苏州作民居建筑调查，得到公硕先生的鼎力相助，后来印了一本《苏州旧住宅》，书中记录了顾宅，也提到过云楼的所在："东路为花厅（名艮盦）与藏书楼（过云楼）组成一个四合院。花厅前后皆列假山峰石，而厅前者尤具丘壑，其峰石之硕大、玲珑，与艮盦内之灵璧石皆为吴中珍品。建筑物极华丽精细，槅扇俱有银杏木。"虽然，过云楼藏品已烟消云散，唯地方还在，可以作缅念的凭借，如今正在修葺，即将对外开放。楼中有隶书"过云楼"额，用的是冯桂芬原题，但漏失了跋尾，应按原迹重制。又据《过云楼书画记·凡例》记载，子山公自撰收藏十四忌，"旧揭诸过云楼楣"，布置时也不应该遗忘。另外，还有一副子山公自撰楹联，曰："一枝粗稳，三径初成；商略遗编，且题醉墨。"跋曰："过云楼者，余收藏书画之所也。蓄意欲构此楼十余年矣，尘事牵率，卒卒未果。乙亥夏余移疾归里，楼适落成，乃集辛幼安词句题之，时方有书画录之辑，故次联云。"这副楹联是过云楼的重要文献，明确记载过云楼落成于光绪元年（1875），今年恰好140周年，那是更应该复制后悬挂楼中。明年又是公硕先生去世50周年，如果将他的摄影作品选一部分出来，作为长期陈列，也是最恰当不过的。

王道先生嘱我写点什么，放在书前，作为后辈学子，自然不可推谢。唯在下学识戋戋，不能望公硕先生项背，甚至所知道的，也不如王道等过云楼研究者详赡，只是抱着对乡先贤的敬重，斗胆而作，亦自知惭愧。相信本书的读者，会因此而更多地了解公硕先生，了解顾氏家族和过云楼，了解已远去了的沧桑岁月，许多的人和事，那是不应该忘却的。

王稼句

2015年5月17日

# 你要是认识他就好了——顾公硕生平追溯兼自序

在民国初期,摄影还是个新鲜的"物种",玩摄影的人可能要具备几个条件:一是要有一定的资本,二是思想先锋,三是具有一定的艺术细胞。我曾让书画名家看过顾公硕先生拍摄的风景、动物、园林等作品,给出的观点是,其构图就是从中国画的角度出发,也可以说是文人摄影。但这只是一种解读,顾公硕的摄影作品千变万化,底片积攒了几大箱子,大部分是原装进口的玻璃底片,题材繁杂,要给出一个准确的概念实在很难。于是,我只能分门别类地去一一解读。

顾公硕先生是苏州过云楼第四代传人,生于1904年,卒于1966年。根据苏州相关史料如《吴县历史名人》(1990年版)、《文史资料选辑》(1984年版,作者甘兰经、姚永新、陈希天),顾公硕曾祖顾文彬,字蔚如,号子山,为词坛名家,曾出任台道,在苏州创建了过云楼,集中收藏所藏珍贵书画。祖父顾承，自署乐全居士，精鉴定，弹得一手好琴。父亲顾麟士，字鹤逸，为著名画家，尤精鉴赏。[①]顾公硕为顾鹤逸幼子，曾用过依仁、老氼、七阳、浅草、秀厓等笔名。

顾公硕先后进苏州草桥小学、吴县第四高等小学，后入过云楼学馆，师从孙伯南先生，又从朱梁任先生研习国学。以"读万卷书，行万里路，浪迹中华"为宗旨，过云楼同门后来组建了浪华旅行团，团员除学馆同门外，还广招志同道合的成员。旅行团先后游览过杭州、扬州、无锡、安徽、北平、上海等地山水、胜景，远足锻炼，陶冶情操，并开展摄影艺术创作和交流。

顾公硕在20世纪二三十年代拍摄了大量的风景和名胜照片。

根据顾氏后人介绍，1930年，顾公硕曾在上海华东银行任文书；1937年，苏州陷落，全家逃亡上海，入天香味宝厂任董事会秘书；1950年回到苏州参加文联活动，投入工艺美术研究及苏州博物馆的创建工作。

顾公硕先生的摄影作品种类丰富，有风景、建筑、园林、书画、文物、工艺美术、人物、历史、社会生活、戏剧表演等等，留下了珍贵的记忆，其中不少是艺术性很高的摄影作品。

顾公硕先生翻拍过云楼所藏书画，可谓近水楼台先得月；拍摄过古旧建筑，有一次拍摄太湖东山轩辕宫照片，被来家里走亲戚的陈从周看到，陈从周立即按图索骥，考证出那是稀少的元代建筑，发表在当时的《文物》杂志上；拍摄过顾氏家人与亲属、朋友等；拍摄过园林，如拙政园、留园、沧浪亭，以及顾家怡园，留下了当时最原本的风景和摆设；拍摄过工艺美术，刺绣、缂丝、木雕、砖雕、玉雕等等，琳琅满目，极为丰富；还拍摄过一些历史片段，如新中国成立后的古城、世相，如土改、划成分、"比学赶帮超"、"大跃进"、"大炼钢铁"、"知识分子下乡接受教育"等等，记得有一张照片中

---

① 为统一体例，书中提及顾文彬、顾承二人，则主要以名相称；提及顾麟士（字鹤逸）、顾则奂（字公硕）二人，则主要以字相称。

就有费孝通的姐姐、著名蚕丝专家费达生下乡劳动的场面。

顾公硕还自创暗室，自配药水，自己改装镜头，实施创新摄影，如舞台摄影创新与人像摄影创新。他曾经反复试验，并记下了具体的操作方法，还写了多篇专业摄影论文，刊发在民国时期的《飞鹰》杂志上，与郎静山、叶浅予、杨万里等著名摄影人排在一起，后来刘半农编辑中国摄影史，便将顾公硕所在的浪华摄影社编辑入内。顾公硕将旅行文化与摄影术有机地结合在一起，他对摄影的倾心从这些幸存的大量照片可见一斑。

新中国成立初期，顾公硕开始倾心工艺美术。实际上他老早即开始收集资料，做了大量的阅读和整理工作，并利用会日语的特长，多方收集日本出版物中的相关史料。经他倡导，苏州文联成立一个刺绣小组，培养了多位全国知名的苏绣大师，延续了这一珍贵的手工艺，人们今日在开座谈会时还会念叨顾公硕对苏绣的功绩。泥塑、桃花坞木刻年画、缂丝、木雕、石雕、玉雕、红木家具等等，顾公硕的后半生几乎都泡在了门类繁复的工艺美术研究上，而且是义务工作，用画家贺野的话说，不拿工资，不占用办公室。他制作了数不清的学术标签，记了数不清的笔记，更跑了数不清的地方，拍摄了数不清的记录图片。摄影，在这里又成为他研究工作的主要助手。

在这期间，苏州要筹建博物馆。这件工作谈何容易，最大的困难就是缺少像样的藏品。顾公硕慷慨捐赠书画精品124件，其中有王蒙、唐寅、文徵明、董其昌等名家作品。

1953年，顾公硕动员家族将私家园林怡园及顾氏春荫义庄捐赠给政府，过云楼房产后来也归到政府名下。顾公硕一门心思做学术研究。他有一种紧迫感，这从他的照片中可以窥见一二。他拍摄了大量的工艺美术作品、老家具和珍贵字画，似乎这些东西再不拍就会失去。

1966年秋，"文革"初起，顾公硕之子顾笃璜被打倒，成为苏州"三家村"，连续遭到抄家、批斗。

陈从周说："从顾先生（指顾公硕）的家世讲，与其说他'大少爷'，倒不如说他是书生来得对。他外表很'糯'，没有脾气，对看不上眼的事，总是说上一句'闹大笑话哉'，其他就不说了。我没有看见过他发脾气，是那么的温文尔雅。但另一方面常常说'士不可辱'，他嫉恶如仇，是一位外柔内刚的人。'文化大革命'开始不久，一九六六年的秋天，从苏州传来消息，说顾先生辞世了。那天因他次子笃璜关系，'造反派'去抄了他的家，要他跪下，这种无礼的行动，挫伤了他的自尊心。可是他还是礼貌地送走了抄家的人，自己却从来没有这样的打扮，短裤背心，悄悄地黑夜中出了胥门，在不到虎丘的河中自尽了，他不愿再次受辱而结束了六十几年的生命。"①

顾公硕在20多岁时发现自己患有色盲，题诗一首："乏具登山唤奈何，当年鸿雪费揣摩。休论此画非真实，自古云岚变幻多。"说明自己不再倾心丹青。但顾氏后人说，画国画并不影响，所以他后来还是继续画，调色有家人配合，现在就能看到他画的彩色洗马图。

1963年11月13日，顾公硕登上常熟虞山，观云海奇观，感慨万分，自述："卅年前曾访赵钧千于旧山楼，后主人于抗战时遇寇不屈死，家亦就毁，今日重登过酒台，赋此纪念……"赵钧千为藏书名家，有藏书楼"旧山楼"，闻名一时，抗战时人去书散。顾公硕有感于此，赋诗一首："过酒台畔夕阳斜，松柏豆红散落霞。最是怀人思往事，山楼梦破旧繁华。"

一个在战事中去世的老友，在30年后还能引起顾先生的怀念和赋诗，可见其情怀一斑。一个温暖的人大概就是这个样子的吧。在登山三年后，顾公硕决然而去。

顾公硕逝世30周年时，苏州文化界人士组织了一次座谈会，出了一本小册子，诸多同事和知情人写了纪念文章。时过境迁，此时很多行内人士，更是能够看到顾公硕所做工作的前瞻性和必要性。顾公硕的一时细心，留下了宝贵的技艺传承，这是无形财富，也是有形财富。陈从周先生生前忆起向顾公硕请教的点点滴滴，别有一番滋味，

---

① 陈从周：《一位学识渊博的鉴赏家：顾公硕先生》，见《陈从周散文》，同济大学出版社1999年版，第39页。

曾引"伤心桥下春波绿，曾见惊鸿照影来"为述。

幸运的是，我们还能看到这些：厚重的底片、残破的胶片、清晰的老照片，还有一叠日俄战争的幻灯片……顾公硕的这份精神遗产，似乎是一个刻意的保留，他要保留历史，保留记忆，其中有些是不可再生的，其苦心可见。

2014年夏，在顾氏后人、苏州地方志办公室、苏州文化人士等方面的支持下，纪念顾公硕110周年诞辰摄影作品展如期在苏州文化艺术中心举行，来的人比想象中要多得多。老同事来了，老朋友来了，年轻人来了，不少人上网发微博谈起这次展览情况，现场大量的签名留言也很有意义，后来还接到异地办展的邀请。

顾公硕的故事让人想到了正在修复中的过云楼的门头题额：霞晖渊映。

王　道　整理

2014年8月

# 目　录

第一辑 顾家人，顾家事

# 从一尊泥塑开始

打开这张照片时，心里一喜，尽管之前曾经见过这尊泥塑，但是经顾公硕的手拍摄出来仍然富有一定的意义。泥塑原型是过云楼暨怡园的创始人顾文彬，也是顾公硕的曾祖父。这尊泥塑无论是从工艺价值还是历史价值看，都值得追溯一番。

有一次，与顾公硕之子顾笃璜先生闲聊，说到父亲对虎丘泥人工艺的关注，顾笃璜先生说家里还有一个清朝时期的泥塑。拿出来一看，是谁呢？过云楼创始人顾文彬。顾笃璜说，这是顾文彬健在时请人制作的。顾文彬于光绪十五年（1889）去世，也就间接给出了这尊泥塑的年代。

顾文彬所在的时代，已经有照相技术了，与他相熟的一些官员也有照片留下，但迄今为止，仍没有找到顾文彬的照片。顾笃璜说，那个时候，人去世时才找人画一幅"喜神像"，譬如顾文彬挚爱的三子顾承，因病早逝后，就留下了一幅喜神像，现收藏在法国的顾家人手里。根据现在发现的资料看，顾文彬早期时曾有画像留下，如《吴郡真率会》，画的是"吴中七老"，不乏吴云、沈秉成、李鸿裔等名家。面前这尊泥塑比画像更为立体、形象，顾笃璜还特别强调说，泥塑四肢都能活动。而这正是虎丘泥人的一大特色，其工艺称"落膝骱"，人体各关节都能活动，且能坐能立，灵活自如。

◆ 顾文彬塑像，是顾文彬在世时请人做的捏像，大概捏于晚清同治年间

◆ 顾文彬74岁时的画像

如今会这种工艺的工艺师不多了，年过九旬的潘声煦算是一位。2010年他曾专门向顾笃璜借得顾文彬塑像，进行复制。但见顾文彬塑像坐在案前，满面斯文，整体显得消瘦，但精神很佳，肤色逼真，头戴缎帽，留着八字胡须，还戴着一副眼镜，双目远望，似在沉思。书案、座椅、脚垫都是惟妙惟肖的缩小版，案上摆放着文房用品。顾文彬所穿衣服为上等丝绸，马褂、长袍、盘扣，所戴的眼镜镜框是白银，镜片是水晶。问及当时的价格，顾笃璜说"以黄金论价"。

从顾公硕拍摄的图片看，顾文彬像没有戴帽子，且坐姿随意，或许是为了拍摄泥塑的灵活性。翻阅顾公硕整理的工艺美术类史料，可以看到他摘录的多条相关史料。我还发现了一个可能与能活动的虎丘泥人工艺有关的记录：

> 主心木，胸堂木、肩胛木，空架薄板。四肢钉空搭架，手泥做。外加长柴泥，再架短柴泥，大生活涂两□铺，再加细泥（砻糠灰，新棉花拌肉□细）然后涂上，手捏成像，（粗泥干透，然后可上细泥，）色子（工具）刷好，光子（工具）光。
>
> 落锉=磨光，嵌拆=补裂缝。
>
> 做底子=油浆灰或猪血灰。
>
> 上粉，广胶老粉。
>
> 上色，广胶加中国颜色。
>
> 上油，光油。
>
> 脱砂像：木架用麻绳扎紧，偶用小洋钉。
>
> 背调□着水。
>
> 麻绳扎架，干后加灰麻布生漆共做三道。
>
> 生漆抹在夏布上，然后贴在泥身之上，干后用生漆灰灰在夏布上，如是者几三次约七八分厚，瓦灰。四肢用木。
>
> 薛金海同志口述。①

---

① 标点及段落为编者所注。

这幅图的主人是顾氏家族的灵魂人物,作为曾孙一代的顾公硕,在拍摄时相信一定会满怀崇敬,他在拍摄时也一定会想到自己正着力整理的工艺美术。

从这尊惟妙惟肖的泥塑中,可以一窥顾氏家族对文化的传承,也可以看出时代发展和进步的脉络。

## (附)过云楼顾氏与顾野王

记得有一次,顾野王后人顾建新带着厚厚两本顾氏族谱来到顾笃璜先生面前,顾先生大为惊喜,连说好好,说这事早就应该做起来,现在终于有人做了。他愿意为之核对相关史料。原来,过云楼顾氏与顾野王同属一支,早在顾先生曾祖时即得到承认和重视。

顾文彬(1811—1889),字蔚如,号子山,晚号艮盦,一为艮庵。过云楼创始人。元和(今江苏苏州)人。道光二十一年(1841)进士,官浙江宁绍台道。晚年精选所藏书画250件,编纂成《过云楼书画记》10卷,著录了他一生搜集、赏析、研究历代书法名画的业绩。他的日记和书信集《宦游鸿雪》详细记载了他的每日生活和工作内容,为后人研究过云楼文化提供了绝佳的参考。庚午年(1870)三月初九,仍在任上的顾文彬致信给三子顾承(字廷烈,收藏家)道:"野王公事已蒙批准,祠屋有着矣。"由此可知,顾文彬在任上即重视对顾野王纪念场馆的建造和恢复。

顾文彬一系祖上原本在徽州,元末明初时迁居苏州,以经营为家业。虽然自徽入苏,但顾文彬还是认可和吴门顾氏的渊源,顾文彬曾撰文称家族是顾野王后裔,"江左宗支我族分,遥遥世胄溯黄门"。每年清明,他都携家人前往石湖之畔的顾野王墓祭扫。顾野王墓附近有铁佛庵(守冢祠屋),有出家人维持香火。顾文彬曾亲自参与打理顾野王墓园,并支付守墓人的资费。至于他信文中所称的"野王祠屋",想必应该是墓园祠屋。

　　民国闻人李根源的《吴郡西山访古记》中记载："出下周村，谒顾黄门墓，在村端溪旁。前建西方庵，已倾圮，奉铁质地藏菩萨像，唐铸也。殿悬顾文彬书'华海慈航'木榜。"根据明末清初思想家顾炎武所记，天启年中，顾野王墓地曾为毫家霸占，顾氏后裔奋起诉讼，后来赢了官司，墓地周围石块、树木都悉归顾家。清高宗弘历南巡时路经此地，还前来凭吊。由此延续到顾文彬一代，顾氏族人常来祭拜。顾文彬作为吴中顾氏大族，势必带头出资出力修复墓园，并亲自题写木榜。

　　光绪八年（1882），顾文彬最喜爱的三子顾承病逝，顾文彬悲痛不已，写出了40首悼亡诗，其中一首提到："落星坟指石湖滨，祭扫年年荐藻萍。古柏苍松防剪伐，绿荫浓护石麒麟。"并做了说明："顾氏为吴中大族，系出陈黄门侍郎野王公后，其墓在石湖之滨。每年春，承必邀同姓熟人往祭，封植修卫，不靳赏力。"这首诗无意中为我们指明了顾野王墓的具体方位，并说明当时吴中顾氏后人纷纷前往祭扫的盛况，对于扫墓路线也有所指，苏州城里人去西郊扫墓，大多乘船出行，护城河一路出去，经过石湖上岸，到达顾野王墓。顾承去祭扫的时候，还会主动邀上顾氏族人及熟人前往，对墓园进行清理打扫，并付出一定的费用维护下去。记得曾在顾沄（字若波，晚清著名画家）修撰的家谱上看到过顾野王墓园的示意图，墓旁曾有祠堂，应该与顾文彬修复有关。从顾文彬到顾公硕，历经四代人，过云楼顾氏后人一直没有停止过对顾野王文化的关注，顾笃璜先生的父亲、文化人士顾公硕先生也曾对顾野王的诗词、著作有过记录和研究。顾氏文化，一脉相承，将会继续繁衍下去。

# 40首《落花诗》的背后

顾承是过云楼传人中最关键，也是最容易被忽视的一位。这主要是因为他一直是站在父亲大人身后的人物，他默默地执行着父亲的指令，为建造过云楼和怡园呕心沥血，最终一病不治，吐血而去，时年49岁。

关于顾承的生平，苏州图书馆研究员叶瑞宝先生曾有详考专文。顾承，顾氏廷字辈，排名三，号骏叔，又号乐全，兄廷薰、廷熙均早逝。根据叶瑞宝所考，顾承生于道光十三年（1833），卒于光绪八年（1882）。这一点在顾文彬日记和顾麟士（字鹤逸）的书中也有记录。

我从顾笃璜先生提供的顾文彬日记里查到这样的记录：

（光绪八年）七月二、三、四、五孙赴金陵乡试。二十五日巳刻承儿因事至书巷，是日天气稍热，归已午刻，忽觉不适，偃息在榻，吐出宿血数口，其色带紫。旋归卧室，心中厌烦，自谓旧病复发而饮已不进。至夜半，大便黑粪，晨请程韵泉诊视，云是新暑触动旧病，先宜清理。中午复下黑粪两次，午后神气不佳，请朱小舫诊视，其言与程韵泉相同。上灯后，骤觉汗出粘冷，气息不属，执六孙手曰："自觉人中吊起，恐将脱矣。"随即喘息。六、七孙呼之，则云："让我去罢。"语不及他，溘然而逝。

余心痛如割，手足无措，二、五孙远在金陵，急发电报催归。廿七日，小殓，其棺即用余前年预备之寿材，故尚舒齐。廿九日，大殓，余凭棺大恸而已。八月初一，二、五孙归家，先由金陵坐轮船至沪，复坐脚划船赶回，而已，不及视殓矣。连日哀痛，惘惘若失，所见之物，所履之地，无非触目丧心。亲友中如蒋心香、潘顺之、潘敦闲、彭讷生、吴引之、吴愉庭、沈仲复、李香严、俞荫甫、许星台、立玉甫皆来慰唁。然他心肝摧折，非语言所能释也，余先作行略一篇，付梓印送，复成哭子七绝一百首，不及刊送，当存之家乘。

九月十五日，为承儿终七之期，是日开吊，当道及亲友来吊者二百余人，祭幛五十余幅。午刻，请蒋心荗题主，申刻出殡，至师子口船上。越日，开至下沙塘茔屋停灵，二、五、六孙在茔屋伴灵。

廿二日，祭家祠。

廿八日，二、五、六孙从下沙塘回家，五孙寒热似疟。

十月初一日，二孙微觉伤风，不以为意，连日行动如常，至初四日夜间，寒热大作，口渴狂饮，烦躁异常。初五日清晨曹实甫来诊，云热已化火，舌已却津，用清化之剂。下午宋又甫来诊，言与实甫同，药则加重几两倍，服药后夜间得寐。初六日医药照昨，而夜间仍又烦躁不寐。初七日曹宋之外添请李朴臣，加用珠粉珠沥而病情反复，口中精液终不能回，至初八日大汗遍身，随即气喘延至初九日午刻而逝。病中祈祷之事毕备，最奇者向余索经，余将平日所念经咒用朱点记成一帙焚化庭中，病人在床忽云幸得老祖所念之经，得救我命，而其言不验，又闻沈仲复处有吕祖所赐清灵丹，向其乞得三分，服之而亦不验，生死有命，圣言不易，虽仙佛亦无可挽救耳。随于初十日大殓，以五孙之子则义为嗣。余哭挽一联云："兼程闻讣，庐墓伴灵，舍身殉亲，笃疾皆由纯孝致；立品无亏，读书有得，传经期汝，美才可奈早天何。"

十八日，五孙疟疾已转时症，交两候之时颇形危险，幸渐次向愈至，今日始暂停医。

十一月廿五日，为二孙开吊，于是日出殡停灵于狮林寺禅室之东间，其西间即归吴氏之大孙女停灵之所，同胞兄妹死复相依，灵而有知，稍慰岑寂。

十二月初九日，三儿灵柩安葬下沙塘寿圹。

十九日，东坡生日，余作主人，移樽于吴愉庭两罍轩。同席者许星台、立玉甫、李香严、沈仲复、彭讷生、南屏潘季玉、吴愉庭、广庵。是日独无诗意，兴之索寞可想，未知他日能作否。

从记录中可知顾承去世时间为光绪八年（1882）七月二十五日，十二月初九下葬，自此顾文彬陷入索寞，对诗会、收藏亦感索然。

我在顾鹤逸的《鹤庐画赘》中查到这样的记录：

> 先君子烟驱墨染，日有常课，又性喜闲适，不任为屏障巨制，凡扇册等小品，偶成即为人索去，敝箧遗墨反无存焉。此为三十七岁时作，从朋旧处乞作家珍，愿吾子孙世守之。丙寅六月，距光绪壬午七月廿六日先君子弃养时四十五年矣。

可见顾承对书画常有着墨，但自己不知珍惜，常被友朋索走，导致他去世后，自己的儿子都要去友朋处"乞取"，以作家珍，从中亦可见顾承的作品受欢迎程度。由此想到2014年春，我与建新去北京出差，有缘结识书画代理人，收下顾承两件扇面，山水点染，古意十足，笔法规矩，落款恭敬。取回后请顾笃璜先生过目，说是顾家的东西。想来也是，顾承既不算出名，作品也不贵，何必去仿造他的东西？也正是这样的天意，让顾承的作品重回姑苏故里，再回过云楼旧地。

顾承对书画有研究，尤其精鉴定，过云楼收藏的珍品，不少是他的功劳。在这方面父子俩常常暗暗"较劲"，可谓雅史雅事。《过云楼法帖》即出自顾承之手。顾承对古琴也有造诣，因此顾文彬将收藏的苏东坡使用过的古琴"玉涧流泉"交付给他，并在怡园建造"坡

◆ 怡园鸟瞰图，摘自《怡园志》

◆ 怡园石听琴室外景，巨石曲颈，犹如倾听琴声

◆ 顾文彬所藏东坡居士古琴"玉涧流泉"旧照，抚琴者为顾氏后人顾佛女士

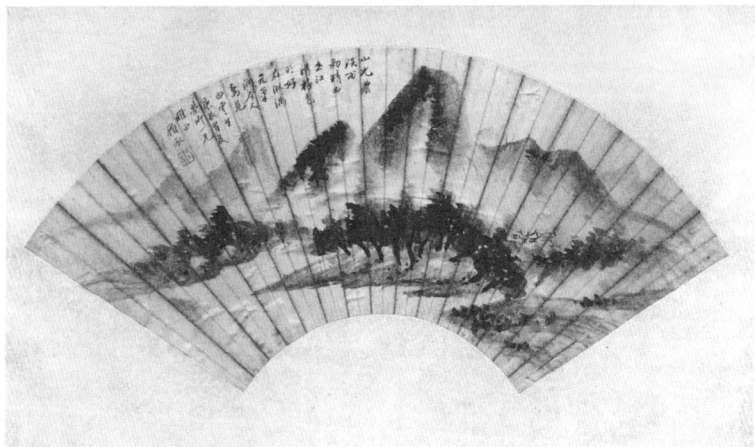

◆ 顾承绘画扇面，购自北京宗善堂

◆ 顾承绘画扇面（局部），购自北京宗善堂

黄庭经

上有黄庭下有关元前有幽阙后有命门庐外出

入丹田审能行之可长存黄庭中人衣朱衣关门壮籥

盖两扉幽阙侠之高巍巍丹田之中精气微玉池清水上

生肥灵根坚志不衰中池有士服赤朱横下三寸神所居

中外相距重闭之神庐之中务修治玄庐气管受精符

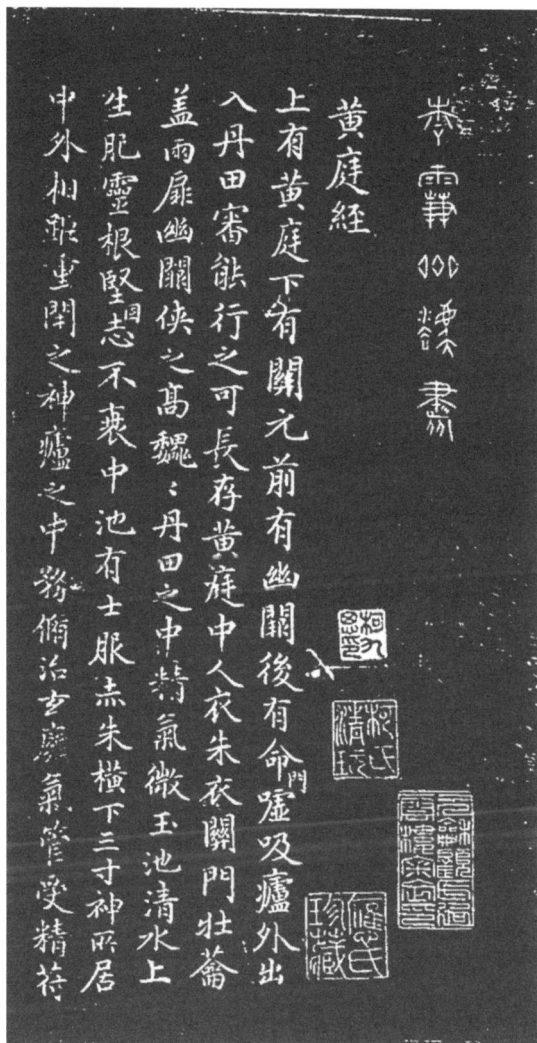

◆ 顾承整理的过云楼碑帖之《赵文敏黄庭经》（局部）

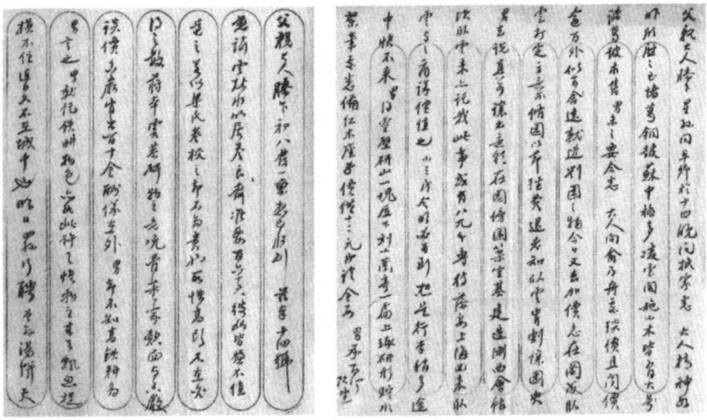

◆ 顾承写给父亲顾文彬的信件

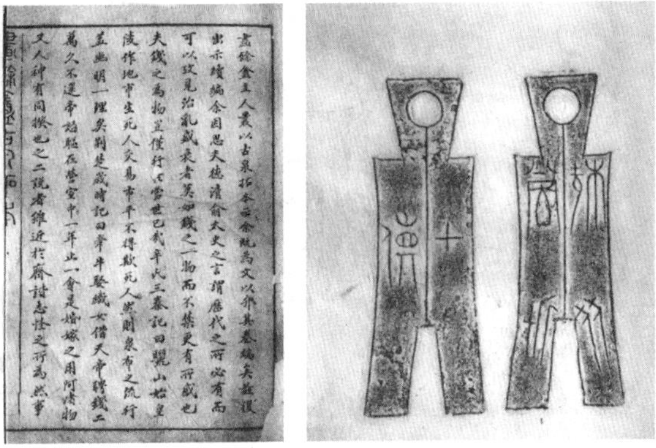

◆ 顾承未刊著作《画馀庵古泉谱》

仙琴馆"与"石听琴室"，请琴师辅导其技艺，日臻成熟。顾承著有
《坡仙琴馆随笔》，今已不见。顾承对古钱币研究也很倾心，著有
《画馀庵古钱略释》《画馀庵古泉谱》，仅为稿本，幸运的是，过云
楼工作室收到了相关资料。

顾承是最有可能继承顾文彬衣钵的后人，顾文彬对他倾心培养，
无比重视。无奈天不遂愿，白发人送黑发人，顾文彬悲痛欲绝，一
连写了100首祭诗。后来留下40首，录在了顾文彬所著《过云楼书画
记》中。

由此说说这40首诗与沈周、文徵明等人吟和《落花诗》之事。
在《过云楼书画记》书类卷里，顾文彬记录了文徵明手抄《落花诗》
卷，且记录了两次。

### 文待诏落花诗卷

弘治甲子年春，石田首倡《落花诗》，衡山、迪功和之。旋
衡山随计吏南都，又属吕太常秉之再和，金春玉应，备极唱于之
盛。石田又各有酬报，先后累至三十篇。是岁十月，衡山以精楷书
之，都四家，六十篇，自为跋语。其后董思翁、陈眉公均有题记。
庚申前归吾乡张研樵……五十年来，风流阒绝，余亦垂垂老矣。

### 又落花诗卷

是卷视前，小及其半，用金粟山房藏经纸，亦乌丝栏书，只
跋中节去"而先生为是"四句，其余皆同，甚至添注三字亦悉相
合，盖一时所书，后有更定，遂两卷并改之耳。昔梦窗咏琴川慧
日寺蜡梅云："蝶粉蜂黄大小乔，一般清瘦各无聊。"今吾楼合
此两美，政如铜台双影，深锁春风，又何僧庐腊花之足美哉？

顾文彬集藏佳品，收到了两套文徵明的《落花诗》集，心情激动
可想而知。启功先生曾考证，文徵明的《落花诗》卷版本不少，其中
伪作亦不少，在他发现的卷中，就有一个问题——文徵明所书之末尾
未盖印章，他分析有两种可能，一是写成后未盖印就被别人拿走了；

二是自己感觉有不足处，再为重写，这卷就暂时放在旁边。有关文徵明名"璧"还是"壁"的争论很多，有关其作品真伪的争议也在不断持续。以顾文彬收藏的经验及身处的时代看，他所收藏的是真品的可能性颇大。后来顾文彬将过云楼所藏法书刻成《过云楼帖》，洋洋八大卷，其中就有这卷《落花诗》。顾文彬还特在此卷后题跋："落花诗沈石田首倡七律十首，文衡山与徐昌谷、吕秉之皆和之……"看落款日期为光绪九年（1883）仲夏。

这个日期让我想起顾承的去世日期。顾文彬《哭三子承诗十四首》的落款日期为"光绪八年壬午仲秋"。我向顾笃璜先生询问此事，说这些诗应该是写于顾承去世那年。以此类推，顾文彬在收藏文徵明《落花诗》卷时一定会详加考证，以他家在苏州，身处吴门，且对文史的了解，肯定知道这些诗作的渊源。读顾文彬《过云楼书画记》，画类首选沈周作品，一连记录有14篇，评说详细，还对未收到的沈氏作品深表遗憾。若更大胆些推理，顾文彬应该知道沈周之所以写作大量的《落花诗》，是因为他最重视的儿子沈云鸿早逝。沈家儿子沈云鸿，孝顺、持家、喜欢收藏，精于鉴定……这些相似的特质无疑会让顾文彬想到自己的儿子顾承。

顾承去世时不到50岁，"不过五十即为夭"，顾文彬在三子病故七年后逝世。儿子猝然而去，让他难以自抑，挥笔写下了百首七绝哭儿诗（今见40首），每首之后都有注解时事，似是追忆儿子的一生，照录如下：

平生不抱誉儿癖，衰老偏吟哭子诗。一字吟成一滴泪，龙钟双袖少干时。（承初名廷烈，后改今名，字承之，号骏叔，又号乐全，浦夫人第三子也。）


童时书法习师门，爱画由来负凤根。翁范沈程诸老辈，忘年小友共评论。（承幼慧，偕长兄廷薰、次兄廷熙从塾师徐江帆先生游。先生素工书，其时翁小海、范引泉、沈竹宾、程序伯诸君皆以画名，与江帆交好，往来塾中。承聆其绪论，信手涂抹，具有凤慧，诸先生皆爱之，引为小友。）

生来翰墨有前缘，群笑痴呆两少年。积累几多投扑满，已知津贴画叉钱。（与次子熙幼即同好书画，遇有小品，私出所蓄饼饵钱购之。）

弟兄难共侍庭闱，楚北年年雁代飞。岂料皇乾犹降酷，斗看如雪换麻衣。（咸丰五年，余以知府发往湖北，时先考春秋已高，留全家侍奉，以一子自随，一年为期，兄弟瓜代。八年，承来代。十年三月，得家书，惊悉先考弃养。）

巫冶行装归去来，忽闻麋鹿走苏台。江乡黄叶家何在，空倚南楼咏八哀。（四月，苏城失守，无家可归，父子唏嘘相对，日坐愁城。）

新堤舟次得家书，隔断南云已岁余。父子相持同恸绝，妻孥凋谢故乡墟。（十一年春，贼窜黄州。余挈承避兵新堤，忽得家书，惊悉全家避居无锡县属之朱埂。廷薰、廷熙暨亡室相继病故，父子相持大恸，几不欲生。）

枯槎直下大江东，顺水偏教阻逆风。别赁小舟牵百丈，千钧一发转飘蓬。（鄂省肃清，买舟东下，阻风二十余日，始抵汉口。）

行李还乡止一肩，汉阳同上火轮船。蓬窗浪入无干处，露宿空舱拥背眠。（旧仆星散，止雇一仆照料行李。搭坐轮船赴上海，中途浪激入窗，铺被尽淹，父子露宿舱面。）

一舸移家返故都，菊残松老小园芜。慈乌营就巢安稳，累汝翛翛尾毕逋。（同治三年八月，全家迁回省城铁瓶巷旧宅。）

风雨先灵泣夜台，伤心宰树伐条枚。松楸郁郁青如旧，是汝冲寒瘁手栽。（是冬，令承修理下沙塘祖茔，树木被贼伐尽，一律补种，迄今已复旧观。）

巾箱旧业未抛荒，得列黉门弟子行。一领青衿差自慰，要传古砚继书香。（七年四月，承入元和庠。）

风引闲云复出山，料量家计汝能娴。胥江春水鳞鳞绿，送我登舟别泪潸。（余初因先考不逮禄养，无复宦情，嗣经亲友劝驾，乃变计出山。九年三月，入京候简。）

西泠新结鹭鸥盟，揽胜蓝舆得得行。要与青山同不朽，飞来峰下各题名。（十二年八月，赴省提调乡试。承来省，侍游西湖诸胜，在飞来洞刻石题名。）

年近悬车愿息肩，汝能仰体劝归田。如何大好林泉趣，不及相依到十年。

邻居新拓屋东头，预筑幽栖待息游。手辟高低两重屋，艮庵相对过云楼。

愚公手采玉芙蓉，移作屏山翠几重。五岳陡然方寸起，不容星宿更罗胸。（艮庵之南轩，庭列五峰，署曰"五岳起方寸"。）

祠堂记汝筑登登，春祭跻堂共拜兴。岂料再逢秋祭日，汝偏先我侍高曾。

　　凭空结构此园林，世俗尘无一点侵。别写胸中丘壑趣，萧疏如画淡如琴。（宅后尚书里购得废址十余亩，先构义庄、祠堂数十楹。就其余地，疏池叠石，种树莳花，楼阁亭榭，参错其间，皆承手创，工已过半。余归后，复与互相斟酌，全局完好，名曰怡园。在余为自怡，在承为怡亲也。）

　　艮岳奇礌到处探，万牛辇致百夫担。题评甲乙平泉例，寒碧狮林鼎足三。（吴郡自经兵燹，废园奇石，多湮没于荒烟蔓草中，披榛剔藓而致之，故怡园之石几与狮子林、寒碧庄争胜。）

　　落星坟指石湖滨，祭扫年年荐藻萍。古柏苍松防剪伐，绿荫浓护石麒麟。（顾氏为吴中大族，系出陈黄门侍郎野王公后，其墓在石湖之滨。每年春，承必邀同姓熟人往祭，封植修卫，不靳赀力。）

　　沿路东风吹纸钱，携琴载酒上坟船。瓣香供奉王摩诘，寒食梨花拜墓田。（琴师王石香墓在天平山，每年清明，必约同门祭扫。）

　　婿乡遥指采香泾，一棹莼波渡洞庭。七十二峰游不了，石公山下片帆停。（性爱山水，莫厘峰、缥缈、邓尉、天平、灵岩、虎丘诸胜，游屐常经。）

　　筑屋藏琴宝大苏，峨冠博带像新摹。一僮手捧焦桐侍，窠白全翻笠屐图。（园中筑坡仙琴馆，藏公手制玉涧流泉琴，并图公像。）

　　久将轻薄笑相如，别有琴心悟静虚。展到缥缃和泪读，各家诗画各家书。（绘《悟到琴心》图册征诗。）

不须折柬约高朋，随意盘飧野簌登。尽有杂宾无俗客，书痴画隐与琴僧。

图书藏弆过云楼，笔记编成付校雠。他日梓成见何及，空余卷尾姓名留。（余著《过云楼书画记》十卷，属其校勘，甫脱稿，尚未梓行。）

夙宗柳骨与颜筋，写遍求书白练裙。今日挥毫尤洒脱，服膺贞愍故将军。（书从颜鲁公入手，近喜学汤贞愍。）

云烟变灭雨空濛，元气淋漓水墨中。独得画禅三昧诀，米家父子董思翁。（画泛滥各家，尤喜摹小米、思翁水墨一种。）

评量古帖静凝神，唐宋元明辨逼真。纸色墨光精考校，了然如见搨碑人。

钟鼎槃匜卣爵觚，胪陈清闷仿倪迂。手摹搨本县斋壁，不数宣和博古图。

玺爱周秦章爱汉，旁搜印记到泥封。陈（寿卿）吴（退楼）南北争雄长，异汝区区作附庸。

布货钱力夙所耽，搜索纂入画餘庵。精摹形制详稽考，典雅差堪继癖谈。（性爱古董，别有神悟，物之真伪，一见即决，百不失一。因余素嗜书画，自唐宋元明迄于国朝诸名迹，力所能致者，靡不搜罗。旁及金石，如钟鼎尊彝古钱古印之类，亦皆考究，著有《坡仙琴馆随笔五编》《画餘庵印谱》《钱谱》若干卷。）

士衡铁笔妙通神，名迹双钩欲多真。一代过云楼集帖，隋珠和璧数家珍。（择家藏名迹，倩海盐陆芝山茂才精摹刻石，为《过云楼帖》八卷。）

五十知非企卫蘧，因之自讼绘成图。不期此画符妖谶，三影分明幻化躯。（常熟范秉之、萧山任阜长合绘《自讼图》小景。）

一生强半病中过，饭颗常年啖不多。直到长眠眠始稳，可怜梦已醒南柯。（十四五岁时得便血之症，终其身未脱体。午餐不过半盂，夕寐不过两时。）

神仙尸解佛毗卢，骨肉原无不坏躯。此理自明心自昧，沉迷痴爱愧凡夫。

达观妄冀悟无生，泪眼虽枯未丧明。怕汝九泉肠亦断，凭棺呜咽不成声。

常日周旋笑语陪，依依膝下尚如孩。偶闻履响频惊顾，疑汝寝门定省来。

一棺送汝到山丘，生圹前年幸早留。他日黄泉好相见，松楸咫尺我菟裘。

虔诵金经忏宿怨，蒲团静对一炉烟。可能仰仗慈悲力，挈汝同登大愿船。

从晚明到晚清，江南士人传承的除了诗情外，还有世俗的亲情。仰望过云楼门额处的一块砖雕，上刻着"霞晖渊映"四个隶书大字。时间让很多东西成为过眼云烟，也让很多东西更加幽远和深刻。

◆ 20世纪50年代顾家宅院及过云楼俯瞰图（资料图片）

◆ 20世纪50年代顾家宅院及过云楼所在的铁瓶巷（资料图片）

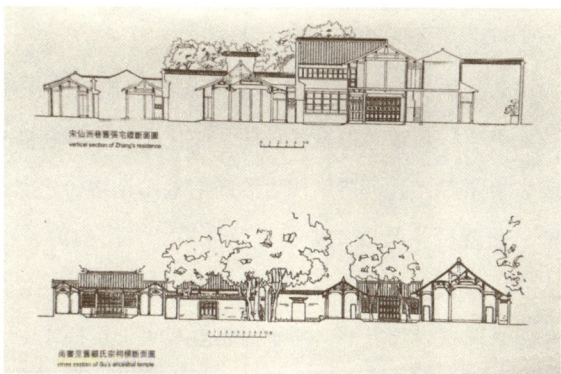

◆ 尚书里旧顾氏宗祠横断面图（资料图片）

◆ 铁瓶巷旧顾宅装修（资料图片）

◆ 铁瓶巷旧顾宅（藏书楼）槅扇（资料图片）

　　陈从周先生对顾氏建筑颇有研究，他在著作中记录："铁瓶巷顾文彬宅，系就春申君祠扩建，除住宅外，隔巷尚有家祠、义庄及花园名怡园者，其营造年代为清同治末、光绪初。宅东南向，门前有照壁，照壁后为马厩、夫役室及河埠。大门内为轿厅，建于明末，用木质。樑架为小五架樑，正如《园冶》所示者。旁为账房，入内为大厅，平面系纵长方形，建于清乾隆八年（1743年），厅前原有戏台今已毁，其左为书斋有楼，楼上可为女宾观剧处。大厅后自成一区，由一三合院与一四合院相套，皆为女厅上房，俱有楼。东路为花厅（名艮庵）与藏书楼（过云楼）组成一个四合院。花厅前后皆列假山峰石，而厅前者尤具丘壑，其峰石之硕大、玲珑，与艮庵内之灵璧石（石今存网师园）皆为吴中珍品。建筑物极华丽精细，槅扇俱用银杏木。此区之后计前后两个三合院，为当时顾文彬退养起居的地方，卧室皆置地屏，装修用材雕刻均为上选。再东除厅事外，其余皆就地形划为各小院。西路有厅一、楼二，为三合院，亦于隙地建小院。而厅旁密室掩假门，不知其内尚有别居。此种手法在苏州住宅中惯用，如史家巷彭宅多至密室两重，曲房深户，令人莫测。"①

---

① 参见陈从周著：《苏州旧住宅》，上海三联书店2003年版。

◆ 铁瓶巷旧顾宅砖框门（资料图片）

◆ 1919年怡园琴会盛况

◆ 1935年怡园琴会盛况

◆ 2012年过云楼被其他单位占用时的场景

# 最后的士：顾鹤逸检索

整理顾公硕所遗旧照，最大的惊喜莫过于发现其父顾鹤逸的照片。关于顾鹤逸的史料不算多，但也不算少。不算多指的是他在书画和藏书上的地位，与他存世的故事数量并不成正比。不算少则是指在当年的书画圈及今天真正研究过云楼历史的文字中，他还是有不少故事留存的。但是他的照片，却是少之又少。

先说一张顾鹤逸与日本人的合影。顾鹤逸借书给日本学者的事曾见诸媒体，并且有个大致的梗概。民国时期，日本学者常来中国游览访问，其中也有不少汉学家，如内藤湖南、吉川幸次郎、沟口雄三等等。在抗战期间，一位日本学者高仓正三来到苏州，热衷学习苏州话，购买吴语研究、弹词类的书籍，但不过一年多的时间他就病死在了苏州，终年仅28岁，临死时还在研究苏州话，他留下的《苏州日记》成为研究者的珍贵资料。日本学者对中国文化的热衷由来已久，过云楼自然也成为他们访问的目标。岛田翰是日本汉学家之一，对中国古籍版本有较深的研究。钱穆的孙女钱婉约女士曾有专文记述岛田翰曲折的一生。

日本人岛田翰想必是到过过云楼多次，且见到了顾鹤逸，并且拿到了过云楼所藏珍贵古籍。不知道这张顾鹤逸晚年会见日本学者的照片上是否有他？

◆ 顾鹤逸（左一）晚年时会见日本学者

　　从照片上看，顾鹤逸已是晚年，但穿着还是老派打扮，斜襟长袍。身旁是两个日本人，西装领带，正襟危坐，中坐者应为岛田翰。岛田翰出身读书世家，嗜好中国古籍，曾携带著作请名儒俞樾题签，得四字"真读书人"，欣喜若狂。

　　岛田翰来苏州拜访顾鹤逸，或许就是看上了过云楼古籍。但顾氏后人说，那个时候顾鹤逸的画作已经比较有名气了，也就是说就算没有那些书，以顾鹤逸的学识，依然是这些日本人的访问对象。

　　从现有史料看，顾鹤逸天性低调，他的交际圈子不算太大，多为怡园画社成员，如吴昌硕、金心兰。1921年，康有为来苏州拜访顾鹤逸，顾以病婉谢，康有为回去后曾作诗《怀顾君鹤逸》一首表示遗憾。

　　顾鹤逸与吴昌硕的交际，则可以一批发现的信札佐证一二。这批信札有79通之多，全部为行草写就。[①]这批信札多称顾鹤逸为"鹤逸六兄"。顾氏后人说，吴昌硕比祖父大25岁，但仍称祖父为"兄"，"兄"是一种尊称，祖父排行老六，因此常被称为"六兄"。"西津先生惠鉴，今春得以周旋，乃蒙情深东道馐我盘餐，余味在口，江湖之兴一舒。"吴昌硕寓居苏州多年，顾鹤逸尽地主之谊，对其常有生

① 详见《中国画学》第一辑，紫禁城出版社2009年版。

◆ 顾鹤逸在怡园的旧影　　◆ 顾鹤逸中年时留影　　◆ 顾鹤逸晚年照片

活上的照顾。吴昌硕与顾鹤逸交心颇深，不但在信札中表述自家三子在广东谋职糊口之苦，还多次陈述自己的腰、臂、足、心等病情。诸多信札中除了记录顾鹤逸介绍当时名士给吴昌硕认识外，还记录有曾借给吴昌硕过云楼所藏名家作品临摹借鉴，吴昌硕还常常向顾鹤逸请教笔墨技法，在鉴定方面更是虚心请教。吴昌硕为鹤庐常客，现存鹤庐匾额即是吴昌硕手笔，而顾鹤逸也常至缶庐做客。有一次吴昌硕还代龙庵高僧桂岑求取顾氏怡园所种黄色蔷薇，后得顾鹤逸爽快答应。顾鹤逸本信仰佛法，吴昌硕为之介绍能书善篆的浙江高僧认识，也是友朋之间的知心通例。吴昌硕与顾鹤逸的交情，通过这批信札即可见人见心。

"江南四吴"之吴子深，入艺林同样是受益于顾鹤逸。吴子深先是凭远亲关系由顾鹤逸代请到名家周乔年、李醉石学画，后顾鹤逸频频出示过云楼家藏供其临摹，见其用心之切，顾鹤逸直接上阵教授，毫无保留，李醉石曾有感叹："有名师直接指点，确是不同凡响。"

顾鹤逸自绝仕途，承家学，醉心于书画，尤其是画。他不但勤学苦练，还写下了大量的笔记，详解画意和历史背景，有《鹤庐画赘》《鹤庐题画录》等著作。顾笃璜先生等提供两书过眼，翻阅内容可见顾鹤逸苦钻翰墨，自我要求之高，以及上承下达的苦心，不妨摘录几篇：

此八帧未经书名，今日重观，因补记数则，余写此时年三十又一岁，今年四十又八，而目力已衰，字且不成字，遑论画乎，他日欲为一二工笔画，恐不能复得，可叹也。壬子午夏。

病起作画，笔弱思钝，尽失故步，复用松烟秃颖，滞涩更形，可谓不量力甚矣，古人中如徐上沙、王廉州亦偶有此意境，然瑕不掩瑜，处正多未敢比拟也，丁巳闰春之望。

丁巳闰春病起，试笔仿大痴秋山图意，意象滞钝，其病在手生腕弱也。

越半年，又画于后叶，视前作略见生动，而静穆古厚之致反不逮焉。噫！此中甘苦不可说，不可说。中秋前一日。绘事虽小道，却本性灵，从胸臆中出，余性拘迂，凡所作不敢逾越绳尺，一纸之成往往以旬日计。

幼侍先君子几砚，见烟驱墨染，日事磅礴，略无倦容，惟一作成即贻朋好，时宾从如云，无不欲乞。烟云供养，有"有无为清浊"之概。麟士童稚不知贵重，未尝乞作家珍，至今遗箧留存，翻勘手泽。

先君子烟驱墨染，日有常课，又性喜闲适，不任为屏障巨制，凡扇册等小品，偶成即为人索去，敝箧遗墨反无存焉。此为三十七岁时作，从朋旧处乞作家珍，愿吾子孙世守之。丙寅六月，距光绪壬午七月廿六日先君子弃养时四十五年矣。

丁卯九月旧疾复发作，医谓非息心养气不为功，强令潜处一月，豁然病已，兹册仿古十帧即成于药炉茶铛之间，盖独居斗室，犹藉涂抹抒其积习，诚可谓下愚不移也。

三子则坚好弄不任习静、三儿则坚仿麓台湿笔颇有合轨处。

元人王若水写生多静穆之趣，使人对之躁平矜释，仿作一扇付琨孙。笃琨性近浮动，持此默悟，冀移稚质，则王先生贶我多矣。

其中的"先君子"即协助父亲主持建造怡园和过云楼的顾承。笔者在北京收到了顾承的两幅扇面，山水点染，淡雅有致。

顾鹤逸劳累成疾，却始终不肯放松对艺术的追求，并且尝试以书画教育孩子，希望他们能够继续承继家学传统，良苦用心可见。

顾鹤逸另有《过云楼续书画记》，承接祖父顾文彬衣钵《过云楼书画记》，在自序中言："予家自曾王父以来，大父及仲父、先子，咸惟书画是好，累叶收藏，耽乐不息。溯道光戊子，迄今丁卯，百年于兹。唐宋元明真迹入吾过云楼者，如千里马之集于燕市。帧轴卷册，郁郁古香，寝馈其中，恍友前哲，赏心乐事，无逾于此。陈后山云：'晚知书画真有益。'予幸获益之非晚，何可不述祖德，重负云烟邪？"

有关顾鹤逸继承家学、寄身翰墨以及组织怡园画社，娱己利友的经过，其切身受益者、好友冒鹤亭曾有专文介绍，且有"盖棺定论"之志铭雅文。

顾鹤逸绘丹青，善山水，吴中画苑推为祭酒，陈从周亦说希望有人好好研究一下顾鹤逸的绘画。长洲章钰为顾鹤逸撰墓志铭，对其丹青艺术推崇备至，谓：

君既少无宦情，遭世多故，乃隐于画以自终。近时画家放笔恣肆，一往而不可遏，自谓青藤、石涛、石溪、八大以惊世而骇俗，博取多金。其异趣者，又或高谈宋元，薄"四王吴恽"为不足法。风气所向，虽一艺之微，不破坏灭裂之而不肯已。宜君之抱道自重，晚年至欲焚其砚，谢绝人事，而尝歉然其退藏于密也。然则君之画与君之品，佝乎远矣。

◆ 顾鹤逸绘画作品（资料图片）

◆ 顾鹤逸绘画作品《无量寿佛图》（资料图片）

◆ 顾鹤逸仿元吴镇山水。款题："梅沙弥画品甚高逸，似迂倪而尤浑古，能比痴黄而更沉着，上溯董、巨，下承沈、文，元四家中当尊上乘。"（顾公硕 摄影）

◆ 顾鹤逸山水图。款题："画山水，水难于山。古以画水著称者，唐有孙位，蜀有孙知微，宋有孙白惜，三家笔墨不复传世，其法永闭。后贤所写，但到活泼之地有序不紊已是佳构，至于壁起注隆势欲崩屋者，仅闻其说，安得旦暮遇之。布景大意近王孟端，西津又记。"（顾公硕 摄影）

◆ 顾鹤逸仿黄公望《浮岚暖翠》，款题："拟大痴浮岚暖翠，一峰亭长。"（顾公硕摄影）

　　回到日本学者与顾鹤逸的渊源。顾氏后人看了照片说，那个时期来拜访祖父的日本人有不少，而且来了也拍照留念的，这里面不知道有没有岛田翰，并说岛田翰是"骗书"，后来岛田翰自杀了，书没有讨回来。

　　古籍版本学者张元济先生曾向顾鹤逸借过宋版书，他在给缪荃孙的信中有这样的记述："岛田翰来，至顾鹤逸家购去士礼居藏元刊《古今杂剧》，明本杂剧《十段锦》，残宋本《圣宋文选》，闻出资者皆不少，令人为之悚惧耳。"[1]清华大学图书馆学者刘蔷女士据此分析，"在傅增湘所编的《顾鹤逸藏书目》上，其中士礼居藏《古今杂剧》和曾经朱彝尊和钱曾收藏的杂剧《十段锦》下标明'已去'，可知此事是发生在壬子（1912）岁前"[2]。

---

① 见顾廷龙编：《艺风堂友朋书札》，上海古籍出版社1980年版。
② 见刘蔷著：《清华园里读旧书》，岳麓书社2010年版。

◆ 顾鹤逸与夫人潘志玉女士在苏州朱家园家中

　　1915年，岛田翰在日本犯案入狱，死于自尽。有说上吊而亡，有说开枪而死，还有说他因羞愧而自毁。

　　后来再请顾家后人认这张照片，可以肯定的是，这个时候的顾鹤逸已经是晚年了，有中风症状，而岛田翰来的时候顾鹤逸还很健壮，因此可以基本排除岛田翰出现在照片中的可能。有资料显示，日本画家山本由定、白须直等，都曾来苏州拜访顾鹤逸。据说顾鹤逸去世时，日本友人向其后人借了顾鹤逸生前穿过的衣服，还有烟袋等日常

潘子欣先生六袠诞辰亲族欢宴 石湖 纪念 甲戌千春平日

◆ 1935年，潘子欣在苏州石湖过60岁生日留影

用品，带回日本去开追悼会，顾逸鹤之影响力可见一斑。因此，这张中日学者合影，只能说是一个谜面，期待知情人前来解谜。

相较于顾鹤逸的艺术圈子，他的家庭旧影也很值得关注。

根据顾氏后人叙述，祖父顾鹤逸先娶名门谢氏，据说是"亲上加亲"。谢氏画画很好，但过门不久便病逝，顾鹤逸悲痛不已，绘图怀念。后顾鹤逸又娶苏州名门潘家千金潘志玉为妻。从顾公硕整理的工艺史料发现，潘志玉还是刺绣名手，过门后，她却致力于书画，原因就是顾鹤逸前妻谢氏因画画得好，与夫君很是意趣相投。苏州西郊穹窿山支脉小王山的摩崖石刻，为民国代总理李根源所兴创，章太炎等诸多大儒名家在此留墨，其中就有潘志玉的手笔，"孝水流长"四字，遒劲有力，倒看不出是女书的模样，落款为："辛未仲冬，吴郡顾西津夫人潘志玉挈子则扬、则奂，偕汪家玉、汪希范等同游到此，谨题。"在顾公硕的照片中，就有潘氏携全家出游的温馨盛况，还有潘氏手托烟袋与琴家汪孟舒的合影。

有一次请顾笃璜先生认照片，他见到祖母潘氏和妹妹的合影，说祖母的妹妹是苏州当时第一个去日本留学的女生，也是潘子欣的姐姐。苏州潘家亦是望族，有"贵潘""富潘""徽潘"等说法，让人不大好分清楚。潘子欣人称"潘七爷"，会武术，爱打抱不平，爱赶时髦，苏州第一辆自行车就是他买的。他出身名门，却行事不羁，三

◆ 这张照片怀疑是潘子欣在苏州过生日时拍摄的，吃的是船菜，但图中的人物不是潘子欣，在之前合影照中曾有出现（顾公硕 摄影）

教九流他都结交。他留学日本归来后，到天津发展实业，日本人来了后，企图拉拢他，但未得逞。后据说为避祸，他回到苏州，寄住姐姐家——正是顾鹤逸家，只是此时顾鹤逸已经去世，姐姐家的孩子渐渐成长，各自有了自己的爱好和追求，譬如顾公硕即热衷摄影。1935年9月23日是潘子欣的六十大寿，他决定在苏州庆祝一番，当时就租了画舫，巡游石湖吃船菜。当时潘家长子潘承孝在北平工学院任机械系主任，特地请假回苏州拜寿。在顾公硕遗留的照片中，就有潘子欣的客人在其过寿时吃船菜的镜头。这位客人戴着圆片墨镜坐在主位，满桌水乡菜肴，嘉宾乐乐一舱，仿佛还能听到船外的潺潺水声。

在顾公硕的旧照和合影中，顾笃璜先生认出了潘子欣女儿潘承冠女士及其家人的照片，拍摄地有的在苏州，有的在北京。潘承冠是民国大律师林行规（1882—1944）的夫人，林行规获得了英国"大律师"执照，回国后曾任中华民国司法部大理院推事。

◆ 潘子欣去世后葬在了苏州，后人来到墓前合影留念（顾公硕 摄影）

2014年，我去北京拜访顾公硕的侄女顾佛，在其家中看到一个特殊的瓷盘，上面写着"著名教育家潘承孝教授百岁华诞暨从教七十年纪念"，落款为"河北工业大学潘承孝教育基金会"。顾家人说，潘承孝早年到美国留学，获硕士学位，是中国第一代内燃机的专家，他从事教学多一些，应该说没有辜负父亲的期望。

不过在顾公硕的照片中，出现的人物应该是潘承孝的兄弟潘承诰。顾笃璜先生给出了一条线索，说潘子欣这个儿子曾留学法国，是居里夫人的学生，后来进入中科院工作。我查到的资料显示，潘承诰生于1899年（潘承孝为1897年，留学美国），1917年考入上海震旦大学，1920年留学法国格勒诺布尔市电工学院，1928年入法国巴黎大学攻读物理及物理化学博士，指导老师为居里夫人。

还有一张旧照片则佐证了潘子欣葬于家乡苏州。照片上有潘子欣的女儿及几个姐妹亲戚的伴儿，表情肃穆，身后为一个墓碑，上面写着"潘子欣公王英夫人之墓"，落款为"一九五二年七月"，合影的时候身旁恰好有几个乡下的孩子被摄入画面，颇有历史性意趣。潘子欣于1951年1月在上海因病医治无效逝世，享年75岁。当时中共中央华东局统战部部长、上海市市委副书记潘汉年送来了花圈，上海市市长陈毅派秘书前来吊唁，并送来了不薄的奠仪。潘子欣在战争时期对共产党人员

◆ 顾鹤逸去世前嘱咐家人为其袈裟附身　◆ 顾鹤逸与孙女

◆ 此二图中人疑为年轻时的顾鹤逸先生，但顾氏后人不是太肯定。此二图为顾公硕遗存底片冲洗而得

多有掩护和帮助，非常之恩，理当相报。

再看顾鹤逸的"最后一张照片"。郑逸梅的记述是："庚午四月也，寿六十有六。（顾鹤逸）遗命以僧服、道人鞋敛。"顾鹤逸排行老六，去世时正好是66岁。照片上可见他身披袈裟，打坐在树荫草丛中，与自然融为一体，脚下有道鞋一双，摆放整齐。但我怀疑这张照片是生前摆拍的，因为他去世时的那张真正的遗照，面相极瘦，不宜发表。

从年轻时的单张健壮照片，留着清时的发型，虽老成仍青春，到恍惚多年后，老年时与孙女的温馨合影，乐享天伦，一个人的一生就这么轻易地走过去了。

（附）怡园的鹤

◆ 祁寯藻题写的鹤庐匾额

◆ 吴昌硕题写的鹤庐匾额

　　有段时间听顾氏后人讲怡园的小动物，说以前的园林里都养有动物，养鹤、养鹅都不稀奇的。在这次整理照片时，就发现了一张怡园白鹤的照片。这只鹤在竹篱笆围成的小圈里，伸着脑袋往外面找食吃。顾氏后人说，就是这只鹤，后来竟被日本占领军人杀了吃掉了。

　　鹤代表长寿，又是文人雅士喜爱的灵禽物种。顾麟士的字即是鹤逸，又书名老鹤，钤印中亦有鹤舞形象。顾鹤逸曾植梅取名"鹤舞"，后赠予作家周瘦鹃，成为一段佳话。

　　顾鹤逸还常以"鹤庐"自号，如著作命名为《鹤庐画赘》《鹤庐印存》等。顾鹤逸将书斋命为"鹤庐"，曾有一块古木匾额，两面分别为清朝大臣祁寯藻和书画大家吴昌硕的题字。2014年春，顾氏后人将这块家传匾额捐赠给政府，以后将在过云楼陈列馆展出。

　　顾家所藏有一幅名家杨无恙所作《鹤寿图》。杨无恙为江苏常熟名士，工诗书，又爱挥毫作画，性情率真，为人有古风，在顾公硕遗留的旧照中亦有杨无恙的身影，可见他也是怡园常客。淞沪战役中，杨无恙携家逃难，生活困顿，伪政府"诚邀"他出任要职，他写下"龙头莫更招根矩，涧愧林惭鹤肯来"的诗句以明志。新中国成立

◆ 顾笃璜先生画的老鹤

◆ 杨无恙绘画的怡园老鹤，多人题跋纪念

后不久，无恙去世，墓碑自题"无恙埋骨处"。杨无恙的鹤画，只见白鹤红顶，一足独立，挺胸冷眼，似在养神，又似在沉思。上有多处题跋，题中有"怡园一鹤生三十余年矣"字样，落款日期为"癸酉年春"，旁有藏书名家屈伯刚的题跋："日涉辟疆园，渐与老鹤亲。唳时声嘹亮，舞后态欠伸。篱边一顾之，迎我如主宾。君有超世姿，我亦称畸人。泥涂敢云辱，忽复遭艰屯。我幸先入海，君乃以犒军。惜哉凌霄者，竟与鸡鹜群。世已无林公，焉得全其身。区区忍牺牲，借以谋善邻。窃愿代民命，不必夸成仁。配彼爨下祠，从此息声闻，虽无华阳瘗，聊用当铭文。"落款为"拂云居士 戊寅年春作"。

文中可知这只鹤牺牲的情况，文人怜鹤，惺惺相惜。一只鹤见证了一段曲折的历史，也见证了人性的恶与善。不过后来还有一个记载，说当年吃了这鹤的日本人中毒死了好几个。记载出自地方志，真假难辨，还说可能是中了鹤顶红的剧毒。事件的真假已经不重要了，重要的是人们记住了这只鹤。

◆ 杨无恙（左）与友人王某（右）、季今盦（中），应为顾公硕所摄

◆ 怡园老鹤（顾公硕 摄影）

# 顾公硕印象

顾鹤逸共有五个儿子，长子早殇，四个儿子中以顾公硕最小。顾公硕旧学、新学兼收并蓄，早年即对传统文化有所倾心，如对中国绘画的研究和实践，对中国工艺美术的深入研究，他还曾客串昆曲角色与人对唱。他能接受新鲜事物，如早年对摄影的研究及对旅游文化的探索和实践。

从顾公硕早年发表的摄影论文和旅游文章看，他思想新锐，言之有物。他希望能在摄影专业上有所创新和突破，所以反复实验，并自配药水、改装镜头，不厌其烦，从实践中得出宝贵经验，写出来供专业人士参考。他的旅游文章，朴实而风趣，读之有味，时隔多年仍感如临现场，恨不得再去现场探访一番。

他的书画作品基础扎实，颇有古意，这可能得益于深厚的家学，以及曾先后就学于张廷升、朱梁任、孙伯南等名师门下。他阅览了大量的书画精品，从中汲取营养，还接触了吴湖帆、冒广生等名家，交流书画艺术，故而对书画鉴赏有一定的造诣，曾得到著名书画鉴定家张珩先生的推许。他对中国绘画艺术，尤其是题跋艺术有深入研究，曾撰《古今题跋》长文，开创性地指出，国画题跋文章形式不一，但包罗万象，内容丰富，是珍贵的史料、论画的卓见和优美的诗文，值得现代画家借鉴。[1]

在顾公硕的手稿中可以发现大量有关书画艺术的记录和论述，其

---

[1] 参见甘兰经、姚永新、陈希天：《记顾公硕先生》，载《文史资料选辑》第十二辑。

◆ 顾公硕小时候的留影　　　　　◆ 顾公硕（左）小时候的留影

中有关于明四家的流派和渊源，有关于吴门画派的历史，有关于现在画家对于明四家的展览和座谈记录，等等，不乏真知灼见，值得后人好好研究。顾公硕平时热爱学习，"文革"前，史志专家甘兰经先生曾多次到朱家园访问顾公硕先生，在其寓所亲眼见到线装书堆满几间屋子，而顾先生埋头其中，孜孜不倦。后来甘兰经先生还向顾公硕先生学习了有关古籍经、史、子、集的分类法，有一次顾先生还带他们去常熟看翁同龢的"彩衣堂"和"燕园"，并不厌其烦地为他们讲解两处古建筑的历史和庭院结构、布置等。

　　顾公硕最突出的一个贡献在工艺美术方面。他自己亲手收集资料，做了七八百条索引，写了数十本的笔记，涉及年画、核雕、泥塑、刺绣、家具、建筑等等，他还亲自实地访问相关艺人。贺野先生回忆，20世纪50年代初期，顾公硕先生带着他去吴县光福镇和专诸巷访问了解核雕和玉石雕艺术，并对一些艺人的生存状况进行摸底调查。公硕先生拿出自己的生活费帮助艺人渡过难关，而他自己去北京出席一个全国性展览会时，却连件像样的衣服都没有，后来还是在组织的要求下暂支了一笔钱制衣才解决问题。

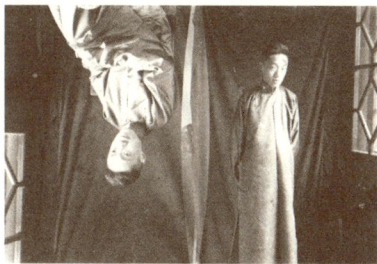

◆ 顾公硕的"艺术照"，应是自己冲洗
的，两张合成一张

◆ 顾公硕着戏服演出昆曲

　　新中国成立后，顾公硕先后受聘为苏州市文管会委员，苏州市文联国画组组长，民进苏州市委委员，苏州市文联第一、第二、第三届执委和第五届政协常委。在任苏州市政协委员时，他曾为民生问题提过提案。1960年苏州成立博物馆时，顾公硕被任命为副馆长，1962年又兼任苏州市工艺美术研究所所长。在博物馆文物征集方面，他与王言、谢孝思、钱镛等人四处奔波，做了大量的基础性、关键性的工作，鼓励了几位大收藏家捐献文物。顾公硕自己更是带头捐献了大批书画、绣品等，其中一级文物6件，二级文物17件（当时定级）。古籍中，有2册祝允明的手稿本《正德兴宁志》，非常珍稀，蝴蝶装，小行楷书，为现存兴宁方志最早的版本。

　　顾公硕在学术上涉猎之广博令今人吃惊和钦佩，有人说他的文图资料俨然是个小博物馆，还有人称赞他为"杂家"。他的英文、日文、德文都颇熟练，大大地方便了他自学，从而使他不拘泥于国学，并能从域外获得有效信息，沟通中外，形成自身客观、立体的观点。

　　新中国成立后，顾公硕参与筹建苏州博物馆，将家藏的文物无偿捐献出来，有人曾问：新中国成立后顾家后人不断捐出所藏，是否因受

◆ 顾公硕（右一）、顾公雄（右四）早年与友人在怡园合影

◆ 顾公硕（立者）在怡园养鹤的地方留影

到了什么压力？顾氏后人说其实什么压力都没有，就是主动捐出来的。顾公硕不仅自己捐，而且还动员别人捐。顾笃璜先生说，因为保护这些文物真可以说历尽艰险。就是想着，保护文物责任重大，得赶紧交给国家。当然，一些自己研究还要应用的书籍等依然留在了家里。

政治运动来了，抄家和"破四旧"开始了，顾公硕主动跑到博物馆，请博物馆的人来抄家，没其他的原因，就是怕"破四旧"毁掉这些珍贵书画与古籍。那时顾家还有堆满五间房的收藏，连书箱连书柜，来抄家时用小卡车装了七卡车，运到博物馆。

顾公硕思想开明，拥护共产党，新中国成立前他就表示过"中国

◆ 年轻时的顾公硕与潘子欣之子在北京合影

◆ 顾公硕（右三）与亲友合影，左三为陆楚善

的希望在延安"。他支持后代投身革命，把家里作为活动据点，掩护从上海撤退到苏州的地下党员。

但突如其来的政治运动对他是个致命的打击。顾公硕去世后，亲友们大多不敢上门吊唁，只有三个人来了。一个是过云楼学馆同门浪华旅行团成员，好友顾寅；一个是顾彦平长女顾梅，她是一位抗日志士，也是一位女强人；还有一位便是作家周瘦鹃，他带来了一首挽诗和几颗红豆。为什么带红豆呢？因为周瘦鹃喜欢园艺，他家里有棵红豆树就是顾公硕送给他的。周瘦鹃当时对顾公硕家人说，公硕先生一生少经风雨，所以经不住了，其实应该坚强地活下去。两年后他自己也投井自杀了。

◆ 顾公硕（左）着戏服演出昆曲

◆ 顾公硕在用毛笔记笔记

◆ 顾公硕在北京颐和园景区留念

◆ 顾公硕在北京一块乾隆御题高碑下留影

◆ 顾公硕在山中大树下与一个小沙弥合影

◆ 根据顾公硕自注，此图为其44岁时在杭州所摄

◆ 顾公硕在家中阅读报纸

◆ 1949年后，顾公硕（右）与政府干部合影

◆ 1949年后，顾公硕（左三）与苏州文化界人士留影，图中可见周瘦鹃（右三）、程小青（右四）

◆ 1949年后不久，顾公硕（左二）与潘子欣家人在北京合影

◆ 1949年后，顾公硕（左）着新式服装与友人合影

◆ 1949年后，顾公硕与苏州文化界人士合影，从左到右为汪葆楫、范烟桥、蒋吟秋、顾公硕

◆ 20世纪60年代初，顾公硕（左二）与苏州文化界人士合影

◆ 1964年1月，顾公硕（二排右一）参加苏州政协常委会留影

◆ 顾公硕1956年和1961年的选民证

◆ 顾公硕的手稿本

◆ 1953年12月，顾公硕与族人议定，将祖传私家园林怡园捐赠给苏州市人民政府，图为捐赠函

## （附）顾公硕与周瘦鹃

2014年元旦前夕，著名作家、园艺家周瘦鹃的故居紫兰小筑的所在地，这里有中国最雅致的园艺。过云楼研究会工作人员来此的目的，只是为了赠送顾公硕纪念挂历，并希望能够看看那棵与顾公硕有关的红豆树。

知道顾公硕与周瘦鹃的交情缘于顾氏后人的讲述。有一次我拿着顾公硕遗留的照片中的人物让顾笃璜先生辨认，他一下子就认出了周瘦鹃，周瘦鹃人瘦瘦的，戴着一副墨镜。顾笃璜先生说，父亲自尽后，敏感时期，少人来吊唁，顾家老朋友周瘦鹃先生来了，这让他和家人很是感动。读《姑苏书简》，看到周瘦鹃女儿周全这样回忆："记得每当爱莲堂前那棵素心腊梅落最后几朵花的时候，春天就悄悄来到了。紫兰台上那簇簇紫罗兰散发着幽香，在这明媚的春光里，父亲常常和政协的老委员们一起在花园里赋诗作画，纵论国家大事。有一次，父亲和程老（程小青）、范老（范烟桥）、谢老（谢孝思）、顾老（顾公硕）在紫藤架下围坐着，谈笑风生，母亲正在沏茶、装糖果，我好奇地站在一旁探探头问母亲：'妈，爸爸他们一定又大发诗兴了。'"

好景不长，1966年秋，顾公硕没能经受住风暴，决绝而去。周瘦鹃以好朋友的名义前去吊唁，带去了一首诗和几颗红豆。

两年后，周瘦鹃投井而去。顾氏后人说，顾家人至今感念周瘦鹃先生的那次悼念，可惜的是，那几颗红豆连同那首诗，连内容都未及读，就一同与顾公硕的骨灰埋入地下。过云楼研究人员在周家花园受到了周家人热情接待，周家人还为其指认了院中那棵红豆树。树依旧郁葱，依旧挺拔，即使是在严寒之下。周家人说，这棵红豆每年都结果子，今年是小年，不多。说着去寻来几颗，如蚕豆大，闪着暗色，是那种隐着的赤红，一见即喜。这棵树起码200多年了，这样树龄的红豆树在全苏州也不多，很珍贵。忽然想到了周瘦鹃最后的话："你们伤我就伤我了，可不要伤了这些花啊。"

周瘦鹃与顾家的故事还不止于此。1958年，周瘦鹃曾作文写怡园

◆ 周瘦鹃（右一）与友人合影，左一为侦探小说家程小青

发表在《旅行家》杂志，其中提及："假山绵延，亭榭相望，莲塘澄澈，古木参天，好像是红楼梦里的一幅大观园图，展开在面前，使人看了心旷神怡！"

1963年1月31日，紫兰小筑来了大人物，周恩来、邓颖超夫妇走进爱莲堂，探望周瘦鹃，并题字留念。周瘦鹃给女儿写信报喜，并说这一天正巧是农历正月初七，古称"人日"。这一年春节，盆景展览会放在了古典园林网师园，周瘦鹃拿出了18件盆景出展，其中不少是周瘦鹃最喜爱的梅树品种。而最让他喜爱的还是顾家送给他的一株"鹤舞"，他不禁向远方的女儿道出了缘由："记得十年以前，有人在外宣传说我新得了一件活宝，十分珍贵，是一头高寿一百多岁而会跳舞的仙鹤。于是有好多位好奇的人士，先后大驾光临，说是要看看仙鹤跳舞，开开眼界。一时间把我闹糊涂了。心想我的园子里从来没有养过鹤，更哪里有什么会跳舞的仙鹤呢？转念一想，才恍然大悟，原来是苏州已故画师顾鹤逸先生当年手植的一株百年老绿梅桩，他的令子公硕兄因我爱梅，割爱见赠，我因它的枯干形如一鹤，开花时好像展翅起舞，就给它起了个雅号，叫做'鹤舞'。……十年以来，这一株老绿梅在我的园子里安家落户，我真的当它像活宝一般爱护着。它也老而弥健，一年年地欣欣向荣，开出花来不多也不少，恰到好处。

◆ 顾鹤逸手植后赠予周家的"鹤舞"

它的那种绿沉沉的颜色，淡至欲无，越显得清高绝俗。今春农历二月初，它又乖乖地开花了，我看它开到五六分时，就移植在一只乾隆窑竹节蓝瓷大圆盆中，供在爱莲堂上，给嘉宾们共同欣赏，可巧人民画报摄影师来，一见倾心，就把它的绝世之姿收入了镜头。"

以上记录足见周瘦鹃对这株老梅的珍视程度。在他笔下，这株绿梅屡屡出现："盆梅中也有好多株老干的绿梅，而以'鹤舞'一株为魁首，树龄已在一百岁外。先前原为苏州名画师顾鹤逸先生所手植，先生去世后，传之其子公雄，不幸公雄也于五年前去世，他的夫人知我爱梅如命，就托公雄介弟公硕移赠于我。……一九五六年年春节，拙政园远香堂中举行梅花展览会，我以此梅种在一只椭圆形的白沙古盆中，陈列中央最高处，自有睥睨一世之概。"

由此揭开了这株老梅由顾家到周家的详细过程，周瘦鹃视若拱璧，一心栽培、造型，还煞费苦心地取名"鹤舞"，与原主人顾鹤逸的名号不谋而合——顾鹤逸亦自称"老鹤"，还在怡园里养起了丹顶鹤。书画、园林捐赠给政府机构，植物馈赠给喜爱的君子朋友，顾家几代人似乎都在默默地遵循着"过眼"的古风。欣慰的是，周瘦鹃先生是值得信赖的朋友，无论是对人，还是对物。

偶然在新出版的《周瘦鹃文集》中，看到了绿梅"鹤舞"的旧照，正是椭圆形的白沙古盆，正是"睥睨一世之概"。

# 她们的背影

　　顾公硕遗留下的老照片中，有不少拍摄对象为女性。这些女子有的是顾家的女儿，有的是顾家媳妇，有的则是顾家的亲戚。青春之美，装扮之丽，气质之魅，有意无意之中，顾公硕以摄影镜头展现了一个时代、一个家族的女性角色。

　　不妨根据这些照片大致梳理下顾家的夫人和女儿。

　　潘志玉，会刺绣，能书画，对子孙亲爱，尤其注重对孙女们的照顾和培养。苏州小王山摩崖石刻上有她的书法作品"孝水流长"。1931年冬，顾鹤逸已经去世一年多，潘志玉携儿子则扬（顾公雄）、则奂（顾公硕）以及顾家姻亲汪家孩子游览到此，题写书法。"孝水流长"为四字行书，高四尺，广三尺，笔笔遒劲有力。潘氏在夫君去世后，主持家族大局，教育青壮，扶携幼小，并与顾家世交保持着友好往来。从后人对她的评价看，潘氏贤淑有才，性格开放、淡然，一派大家闺秀气质。

　　顾鹤逸三子则扬，字公雄，以书画、鉴定见长。其遗嘱将家藏过云楼之书画300多件捐给上海博物馆，捐赠执行人就是他的夫人沈同樾女士。顾氏后人说，沈同樾出身常熟名门，懂收藏。其孙女顾宜女士说，祖母一人主持一大家子，有条不紊，祖母本人也很节俭，凡事很看得开。

　　顾则扬与沈同樾育有三女三男。其中长女顾馨，自名笃瑄，因顾家女孩不排辈，故大多为单名，她就自己取名。顾馨后来随丈夫去了

◆ 顾鹤逸夫人潘志玉（后排立于二男了中间者）携家人郊游住石湖之畔，图中可见顾公硕（前坐者左一）、顾公雄（后立手拿礼帽者）、顾笃瑄（右　）等人

台湾。在顾公硕的镜头中有不少她年轻时的照片。

顾则扬次女顾榴，丈夫何呆，为常熟文化界人士。顾榴向常熟博物馆捐赠了许多家藏文物。

顾则扬三女儿顾佛，一生致力于数学教育，丈夫苏良赫为中国地质学先锋，两人"琴瑟和鸣"。顾氏家藏苏东坡的古琴"玉涧流泉"，传给了顾佛。她不但自己弹，还教丈夫、女儿们弹。顾佛又善丹青，多才多艺。2014年4月27日，顾佛在北京因病去世。

顾公硕夫人张娴，无锡人，出身名门，毕业于无锡某女子职业学校。顾氏后人说，她没有缠过脚，这在当年是绝无仅有的，足见其家庭思想开放。张娴精于刺绣，会书法，新中国成立前为掩护地下党活动不遗余力，新中国成立初期协助顾公硕做好刺绣等工艺美术恢复工作。画家贺野见过张娴，并与之处事，他回忆说："顾伯母和蔼慈祥，顾老伯在外忙工作，她就承担全部家中事务，还定期到文联来为爱子换洗被褥，来时总带来几只水果和一大袋鸡球饼干（通常是碎的，从厂里以处理价买得），名义上是给儿子吃的，实际上总是大家共享的，我们也吃得很快活。"

◆ 顾鹤逸夫人潘志玉
（左）与妹妹合影

◆ 顾鹤逸夫人潘志玉（右）与古琴家汪孟舒

吕灼华，顾公硕儿媳，毕业于苏州女子师范学校。父亲为国民政府官员，她却思想进步，1949年父母移居台湾时，她坚决和她的弟弟一起留了下来，寄居在姑母家中。新中国成立后，吕灼华报考市文联文工团，后转入无锡小学任幼儿园教师。嫁到顾家后，她调回苏州工作，最后从事戏曲工作，为苏剧创作了不少剧本。政治运动开始后，丈夫被打为"三家村"，迫其揭发，她悍然拒绝，决不低头。因多年积劳成疾，她过早病逝。顾公硕遗留的照片中有她的身影。

观察顾公硕留下来的女性身影，是一个时代的见证，也是一个时代的表情遗留。

◆ 顾公硕侄女顾笃璇（顾公硕 摄影）　◆ 顾笃璇与友人合影（顾公硕 摄影）

◆ 1949年后不久，顾公雄一家人的合影，其中有顾公雄、沈同樾、顾佛、顾笃璋、顾笃璇等人。顾公雄、沈同樾为婴儿左右者，顾笃璇居前排左一，顾笃璋居后排左二，顾佛立于婴儿后

◆ 顾鹤逸孙女顾佛、先生苏良赫及孩子们

◆ 顾公硕夫人张娴

◆ 此图摄于早期的怡园，经顾家人辨认，可能为顾公可及夫人

◆ 此二图背景应为怡园，女子应为
早期的顾家人，至少是清代

◆ 顾家花园早期的女子

◆ 镜头下的女子（顾公硕 摄影）

◆ 顾家姻亲陆家女子（顾公硕 摄影）

◆ 1949年后的太湖采橘女子（顾公硕 摄影）

◆ 顾公硕的孙女顾其正（顾公硕 摄影）

◆ 苏州一位女医生（右）（顾公硕 摄影）

第二辑　旧时光，旧山河

# 过云楼学馆的师生们

顾公硕一生经历过很多社团，其中以浪华旅行团时间为长。浪华旅行团起源于过云楼学馆，学馆西席为孙伯南先生，博学多识，观念开放，培养出了很多有才之士，在他去世后多年，学生们仍撰文纪念他。这其中就有顾公雄、顾公硕、汪葆楫等人。要追溯这个社团的渊源，还得从孙伯南这位老先生说起。

## 博学多识　门生众多

自古吴地教育先行，当然少不了出色的先生，孙伯南即是其中一位代表，他的教育理念和行事作风颇值得今天的老师借鉴。

作家郑逸梅曾有专文叙及：

> 我幼年读书在草桥学舍，同学有顾梦良、顾公雄，他们辈分虽为叔侄，而是年相若、学相等的。这两位都是怡园、过云楼的小主人，我经常到过云楼访他们闲谈。这时厅堂侧厢，那位经学大师孙伯南设绛帐其间，如顾荣木、顾季文、潘景郑、俞调梅、顾翼东、张问清、汪葆浚等，均沐其教泽。因此我也经常晤见那位伯南老人，他体硕容苍，善气迎人，这个印象给我很深。

> 伯南老人，名宗弼，号式甫，又号伯组，生于同治七年十月二十三日，卒于民二十三年正月初六日，享寿六十有六。他家世在

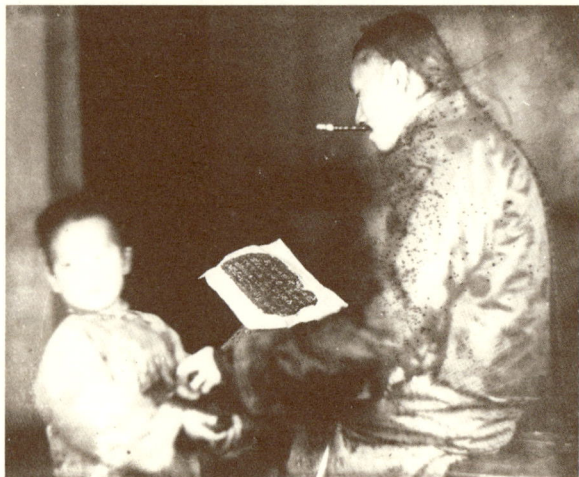

◆ 这张照片有人怀疑为顾家姻亲刘公鲁，此人学识渊博，英年早逝，据说民国后仍拖着一根辫子。此图为顾公硕遗藏底片冲洗而得

吴中，诗书递传，以启迪后学为己任，因此老人毕生精力瘁于教育事业。清光绪年间，吴郁生、叶鞠裳、江建霞诸乡先辈为学政时，他充阅卷房官。及科举废，兴学校，他应聘存古学堂，曹叔彦为经学总教，叶鞠裳为史地总教，他也佐叔彦教经学。此后授教公立中学，一时莘莘学子，如叶圣陶、顾颉刚、王伯祥、吴旭丹等，均出其门下。其它又掌教苏州振华中学、江苏女子师范学校，及上海浦东中学等，桃李门墙，蔚然称盛。

他每天上午任学校课务，下午设馆顾家，其时主人顾鹤逸，为画苑祭酒，所作山水，尺幅寸缣，得者视同拱璧，所有画端题识，往往请他代笔，隽雅简洁，自然得体，丹青价值，借此益增。他教学生诵读《五经》及《纲鉴易知录》，此外还读些近代古文，又复吟诵唐诗来调剂精神。他讲解课文，绘形绘声，淋漓尽致，几如明代柳敬亭的说书，使学生乐而忘倦。课余，或带学生到怡园去读楹联，这些都是顾氏上代顾子山所集的宋人词句，妙造自然，天衣无缝，他一面读，一面解释，学生被他吸引住了。有时师生同往护龙街，逛旧书铺，此处为吴中旧书集中所在，铺主大都和伯南相识，可任意翻阅。这样，学生由于涉猎典

◆ 过云楼学馆导师孙伯南

籍，对版本目录得初步了解。他这教导方法，循循善诱，生气蓬勃，从兴趣中增进知识，学生莫不深得其益。他对于学生作文，非常重视，往往批了教学生改写，改写了又批，批了又改写，直至他惬意为止，所以一次作文，学生务必几易其稿，他老人家一批再批三批，也不厌其烦。

他不但于经史造诣深弘，而且旁通金石之学。当他出任阅卷房官时，足迹遍及云、贵、川、甘诸省，每到一处，不辞跋涉，搜访断碑残碣，加以墨拓，因此收藏极富。故在过云楼书室中，四壁挂满不同时代、不同书体的黑白碑帖，让学生观摹比较，使他们眼界大开。他又精于书法，篆则师散氏盘，楷则学魏灵藏、杨大眼等。时常有人请他写楹联，写时拉纸的任务，当然弟子服其劳，而学生们亦乐意接受，因借此可以提高书法素养，增进书法知识。他又边写边讲，谓："写字应当注意全面布局，一气呵成，字形狭者扁之，短者长之，变化万端，而间架结构，也不一定按照成法。"有一次，写一"人"字，竟先由右捺而后左撇，全凭气势为之。他又谓："临一本帖，学一种体，必须再学一本帖，一种体以神化之，所以读书贵专，书贵博。学篆则字义明，学草则落笔速，个中三

昧，尽在于此。"所以他把《说文》，作为学生必修之课。（伯南
父传凤，著有《说文古本考补》）[1]

叶圣陶曾在致信俞平伯时提到孙伯南："弟在草桥中学时，国文
教师为表兄孙伯南先生，孙与吴（吴梅）深交，因弟欲看《牡丹亭》，
乃带去见吴商借。" 苏州草桥中学第一任校长蔡云笙在办校之初遍请
名师，其中就有经学家程仰苏及国文造诣精深的胡石予、孙伯南等人。

顾廷龙为著名版本学家、目录学家、书法家，早期时也曾得孙伯
南指教。1923年，20岁的顾廷龙在上海补习英语，住在王同愈家。王
家隔邻是"苏路清算处"，吴湖帆的父亲吴讷士是清算处的负责人。
吴湖帆来上海鬻字，总是住在这里。顾廷龙看到吴湖帆写篆书，感到
很有趣味。回到苏州后，父亲为他找了一位程老先生，指导先生读
《说文》的方法，又让顾廷龙自己找一些书看。有一次，顾廷龙在街
上遇见孙伯南，孙是举人，江标任湖南学政时，他随往阅卷，学问极
好。顾廷龙即向孙请教写篆字和如何读《说文》。孙让他买了《说文
解字》《说文续字汇》，并指点他学习门径。由此，顾廷龙对篆字的
兴趣越来越浓。[2]

历史学家顾颉刚也曾自言受益孙师："《古今伪书考》一卷宣统
己酉岁，始见于孙伯南先生架上。去年在京中刻意求之不能得，遂借
自孙先生手录焉。"

由此看，孙伯南执教过云楼学馆时，门下求学者众多也是当然了。

### 一位好先生，一个热心人

从郑逸梅的回忆文章看，孙伯南平时生活中也体现出一位先生的
风范，照顾困难，施舍乞食者，还热心帮人做媒。

---

① 郑逸梅著：《郑逸梅笔下的文化名人》，上海书画出版社2002年版，第47
—49页。
② 参见沈津编著：《顾廷龙年谱》，上海古籍出版社2004年版，第14—15页。

伯南老人不仅诲人不倦，而行谊也令人钦敬，他的族人某，嗜赌成癖，归必深夜，其妻颇以为忧，可是屡劝不听，乃诉诸伯南，伯南便夜往其家，守候某归，为之启户煮茗，且脱己衣而代披，说："夜深了，别中了寒气。"某为之不安，次日晚继续侍候，某感愧交并，从此力矫其行。又，他的一个朋友因病不能返里，他迎诸家中，为之调汤进药。他鳏居无内助，家中又乏仆役，凡洗涤垢秽，事必躬亲，直至友人病痊始止。他居卫道观前街，每日到馆，常安步当车，途中见有乞食者，必探囊施济，故他虽不雇车代步，以示节俭，结果所费实倍蓰于车资。某冬，他新制一件羊皮袍子，途遇一族叔，见其敝衣瑟缩，他怕其不胜寒，慨然解裘相赠。又，金松岑文集中《苏州五奇人》之一的沈绥成，著述很多，及死未刊，他为之整辑，顾公雄斥资付诸梨枣。他自己的作品却没有留存，日记也都散失，甚为可惜。

伯南的同怀弟宗干，字树人，一作孺忱，别号风木老人。工书，朱古微侍郎为订润例。晚年喜作篆，这时日寇肆暴，东南诸省沦陷，有腼颜事仇，以图目前的利禄，如此不乏其人，孺忱引以为耻，思有以励世振俗，于是发誓以篆书写文信国《正气歌》一万本，播诸乡邦。萧退庵题其书幅云："老友孙孺忱，于《正气歌》屡书不一书，读者如能百回传诵，则平旦之气，如草木之再荣，如冻雷之忽奋，炎黄之绪，绝续之机，于是觇之耳！"孺忱与伯南友爱甚笃，孺忱多病，缠绵床榻若干年，支持门户，惟伯南是赖。一日，伯南将远行，给孺忱医药之资，孺忱知伯南川资且不敷，坚决不受，伯南固请，非受不可，相与哭泣，间里之乖骨肉而阋墙的，为之感动。

叶圣陶之妹与江红蕉为偶，即由伯南介绍，在吴中举行结婚典礼，我去道贺，又和伯南把晤，此为最后一面，当时是不及料的。[1]

---

[1] 郑逸梅著：《郑逸梅笔下的文化名人》，上海书画出版社2002年年版，第49—50页。

从过云楼遗物浪华旅行团团员日记内容看，"（民国）廿三年（阳历）二月十九日，先师孙伯南夫子归道山"，"吴人有好好先生之目"。有一次，团员们到无锡采风，顾公硕夫人张娴的娘家兄弟张镜叔出面招待。张为无锡"公花园八怪"之一，"张君续弦陈昭新为孙伯南的学生，媒人也是孙伯南"。孙伯南喜欢成人之美，可见一斑。

## 一个社团与一位先师

顾公雄为顾公硕兄长，精于书画和鉴赏，新中国成立后曾将大批家藏捐给上海博物馆，被誉为"半壁江山"。在《浪华旅行团十周年纪念册》中，顾公雄作发刊辞提及：

> 庚申岁，余与硕弟荣侄及亡弟柔受业于先师孙伯南夫子。数年间，寻声而来过云楼者数十辈，窃附于读书行路不相偏颇之义，每于春秋佳日，驾言出游，近则虎丘，远不过山阴道上。而城西诸胜，为游踪所常至，亦犹书之不厌多读也。戊辰闰二月廿三日，又游天平，硕弟、行月荣侄、汪葆楫、傅宇文、张文清、徐一鸣、朱梦乐五兄及余凡十人，先师有事，柔弟因病，未与焉。舟次，相谓欲谋长久，宜有组织，遂有旅行团，题名浪华，取其游踪靡定，无远弗届。倏忽十年矣，楫兄嘱硕弟编兹十周纪念册，问序于余。余本简陋，学又殆落，惟浪华旅行团组织之始，皆过云楼同门，而同门之来吾过云楼者，皆钦先师之风。水源木本，纪念浪华即所以纪念先师也，盖亦葆楫之志欤。

文中硕弟即顾公硕，葆楫为汪葆楫。汪葆楫与顾家兄弟同在孙伯南门下读书，从1926年拜师孙伯南，到1929年辞别老师去读法学，后来成为上海有名的律师，曾为"七君子"案义务辩护，颇得名声，新中国成立后成为文史馆员，将家藏700多册古籍旧书捐给苏州方志馆，其中不乏珍物。

早些年曾有人拍卖汪葆楫与顾公硕合作的扇面，顾公硕写意山

◆ 顾公雄年轻时留影

水，汪葆楫录古人名句，落款日期为1938年夏，想必是两人在上海共处时所为。

在这本纪念册里，汪葆楫对社团成立的过程做了回顾，提到名字"浪华"，他记得是顾公硕的主意："问其名，公硕脱口曰浪华。盖吾侪青年，亦犹浪中之花，苟不强健其体魄，增益其智识，而不为人海浪波所漂泊汩没者几希。是则本团命名之所由。"浪华旅行团自成立起，自怡园出发，其间游览了江南诸多名胜，虞山、天平山、横山等地，虽时有间断，"赖公硕之淬励经营，及诸同好之热诚维护，已由芽蘖而根蒂矣"。此时是1936年11月1日，过云楼学馆孙伯南已去世两年了，汪葆楫向顾公硕建议，旅行团缘于先师，应趁着组团十周年之际，革新团务，编辑纪念册，纪念旅行团即纪念先师。"初过云楼有十余人，同窗共读，道义相得，其乐泄泄焉。每毕一起迄，先师必有小乐会（稍息也）以舒其疲惫。则怡园以近水楼台，为游息常到之所，此实同学课余旅行之权舆也。"可见孙伯南当时寓教于乐，注重劳逸结合，给学生们留下了深刻印象。由此衍生出的浪华旅行团，也常常由他带队"主席"，前往苏州周边地区远足，并时常在社团本部苏州朱家园17号聚会。

◆ 《浪华旅行团十周年纪念册》，1937年编辑出版。其中收录了团员们到虞山、黄山、宜兴、南翔等地的游记、摄影作品，浪华旅行团的大事年表、章程、团员录以及附设摄影研究社办事细则。纪念册图文并茂，全面地反映了浪华旅行团成立十年的概况。特刊封面图片为顾公硕摄影作品

从旅行团的日记内容看，社团从1928年开始记载社员风雨兼程的行程，其中不乏孙伯南与他们一起远足的记录。直到孙伯南去世后，这个社团还在正常运营，并且在先师冥诞时聚会纪念。例如在1936年时，顾公硕就在专刊上发文提醒各位，此年为先师七十冥诞，"凡吾同门或先师友好应有以纪念之"。

1934年4月9日，孙伯南移灵，顾公硕撰祭文纪念：

> 呜呼！夫子结衾盖棺去乱世者，忽五旬于兹矣。忆昔过云楼，亲承杖履，经史之余，必继以诗，吾夫子所谓佐餐焉。每当盛暑，夫子时袒腹假寐，生等稚气未消，犹喧娱谑，偶惊梦回，口犹吃诵静言思之，不窥辟有标之句，拊应作势，辄相顾大笑，极平生之乐事矣。旋过云楼同学各自离散，夫子亦设帐沪渎，此乐之不获，固不自今日始也。然夫子口讲指划之神，恍惚现吾前；小顿大挫之音，侃侃在吾耳。今视于无形，听于无声。呜呼，自古易毁者形骸，不灭者真情。
>
> 夫子在天有灵，英爽不散之气，必犹附丽于吾左右，或仍谆谆以葆楫归期为问欤。慨夫复来无期，百酸搅肠。呜呼哀哉！吾夫子之学识见闻，皆足千秋。顾轻辞华，未尝笔之于书。生等又传而不习，未能光大继志。幸夫子之德，已自不朽。吾知后之传

儒行者，必首及夫子。老子曰：吾有三宝，持而宝之，一曰慈，二曰俭，三曰不敢为天下先。斯三者，惟吾夫子兼之矣。待人丰是曰慈，律己简是曰俭，述而不作是曰不敢为天下先。内宜于亲，外义于人。易箦时犹绥成师遗著为念。

　　夫子诚信义人矣，而天之所报施吾夫子者果安在哉。呜呼！此真庄子所谓人之君子，天之小人乎。虽然，天下有不报之善，无不可为之善。生等谨奉遗教，自知敦本行，励名节，一以夫子为则。所以纪念夫子只此而已。尚坚其志哉。呜呼！尚飨。

　　此后，浪华旅行团继续出行，足迹遍布苏州、无锡、杭州、上海、黄山、北平等地，还在苏州、常熟、上海、北平成立了办事处，其中上海的办事处就是汪葆楫的律师事务所。

　　浪华旅行团有着具体的章程和办事细则，并对外出远游携带物品、注意事项等做过相关培训。在旅行团内还附设一个摄影研究社，顾公硕就是该社的灵魂人物。

# 文人社团与先锋摄影

从成员看，浪华旅行团更像是一个文人社团，尤其是看他们当时的志趣和以后的发展轨迹。

## 浪花成员简介

### 顾公雄

过云楼传人，大量阅览家藏精品，从小描摹，子承父业，并受私聘家师指导，很早即精于书画，擅鉴定。南通冒广生与其父顾鹤逸过往甚密，又与其有所交往，甚至将孙辈交予其培育书画艺术，顾公雄最大的贡献是把大批家藏捐给了上海博物馆，成为美谈。在上海期间，顾公雄与顾廷龙、冒广生、钱锺书曾多有交际。

### 顾公硕

高等小学毕业后，顾公硕本该升学到上海就读，但因为家庭观念的原因，继续留在家里，曾师从朱梁任、孙伯南等人，热爱摄影，但对书画艺术亦热衷，翻拍作品中常见此类作品。其书画不算特别出色，但也有自己的特色。顾公硕早期即对工艺美术倾心，拍摄了不少砖雕、刺绣、核雕、建筑、家具等作品，此后在苏州市文联、苏州市文管会任职，还担任过苏州博物馆副馆长，带头捐赠家

◆ 顾公雄与晚辈合影

◆ 顾公硕挂着照相机
在山中留影

藏珍品，开创了苏州的博物馆事业。在对苏州工艺美术史料的收集和整理中，贡献最大，但历史留给他的时间不多，编著中国工艺美术史成为其永久遗憾。

## 顾荣木

顾荣木名笃瑾，为顾鹤逸长孙，因年少即有丹青天赋，深为祖父喜欢，并着力栽培。据说他年方18岁时，作品便与祖父顾鹤逸的作品同赴

◆ 顾鹤逸长孙顾荣木先生

◆ 汪孟舒与夫人的婚纱照

日本办展，为画坛瞩目。祖父去世后，顾荣木参与重组怡园画社，结交诸多名家。后来顾荣木到上海进军商界，但仍事艺术，曾与徐邦达、江寒汀等组织了"绿漪艺社"，晚年时出版了《顾荣木老年戏笔》。

## 汪葆楫

　　出身苏州丝织企业世家，少时熟稔古籍，结交同志向好友，拜于名师门下，后考入东吴大学法律系。最著名的经历即为"全国各界抗日救国联合会（简称救国会）""七君子"案的沙千里义务担任辩护律师。

◆ 顾鹤逸长孙顾荣木93岁绘画作品，此图临倪瓒《竹石乔柯图》，倪瓒原作原为过云楼所藏，后捐赠上海博物馆

◆ 汪葆楫（左）与友人合影（顾公硕 摄影）

◆ 顾鹤逸长孙女顾宁与先生吴绥之

汪葆楫别名汪叔用，在浪华旅行团成员中还有汪叔川，不知是否其兄弟辈。而旅行团在上海的办事处所在北京路280号盐业大楼四楼即为汪葆楫律师事务所。旅行团十周年纪念册题签人也是他，书法遒劲有力，却也不失古雅。

## 汪孟舒

著名琴人，且是收藏家，所藏"春雷"、"枯木龙吟"皆为名琴中之珍品。有人曾将他误以为汪精卫的兄长，此为大谬。《20世纪中国文艺图文志·摄影卷》将他列入著名摄影社团光社成员之中，可见他在浪华时对摄影之倾心。

## 吴绥之

徽商之后，桃花坞吴家，早期家中经营棉纱，早期即善书画，喜欢摄影，为顾公硕兄长顾公可欣赏，后将顾家大小姐顾宁许配。

## 吴寅伯

曾任苏州、上海金城银行办事员。他是旅行团成员里将摄影坚持到底的一位，从小迷恋摄影。他用玻璃瓶底研磨镜头，自制照相机。民国早期时，即与郎静山、吴中行、刘半农等名家结合西洋技法与中国传统文化，确立了中国摄影的艺术地位。吴寅伯参与了"上海摄影学会"的恢复组建，这一期间，他的作品多次参加国际摄影沙龙及国际摄影比赛，并获得了一些奖项。新中国成立后，他创作出了一幅广为流传的名为《东方红，太阳升》的作品。但他最富有意蕴的作品应该是在20世纪30年代时期，在苏沪一带拍摄的大量风景、人物、静物等写实和实验性作品。这些作品深受关注，并多次在国际上获奖。

2004年11月3日，吴寅伯走完了他漫长的摄影人生（94岁），并捐献了遗体。他生前使用过的具有研究价值的摄影器材，以及文化部颁发的"造型艺术终身成就奖"的全部奖金，也一并捐赠给筹备之中的中国摄影博物馆。

著名摄影评论家鲍昆在《逝者如斯——纪念吴寅伯老先生》一文中说："吴寅伯和他的时代同仁们共同构建了一段摄影历史，这段历史成为中国现代文化历史的一部分。他们在积弱贫穷的旧中国以业余爱好者的身份，执着地以中国传统的文化精神经营摄影——这一外来的、新奇的影像技术，将中国文化人的艺术理想和自我的人生感悟以影像的方式释放给世界和历史。他们不倦地参与世界各种形式的沙龙展览比赛，以一种赛手的身份将艺术化的，但却不是现实的中国影像推送到国际影像的交流平台上。他们展示和坚持了古老的中国精神，却也在一定程度上回避和遮蔽了现代中国复杂的历史进程。""晚年的吴寅伯，以一种历史主义的态度重新检讨这一代人的追求与实践，假设，每一时代都有必定的局限。吴寅伯一代人的追求和无奈，是历史帷幕下的个人宿命。当我们回归到他们个体的考察时，才能将宏大的历史微观化和情境化，看到历史与逻辑的必然冲突。"

## 张问清

为苏州补园张氏后人，曲家张紫东的后代，原同济大学水工系、勘察系、地下工程系主任，于2012年4月25日在上海逝世，享年102岁。张问清1936年毕业于上海圣约翰大学。同年赴美留学，就读于美国伊利诺大学。1937年毕业并获得土木工程硕士学位。1958年起在同济大学任职，是该校岩土工程学科创建者之一。他以"操与霜雪明，量与江海宽"终生自省。曾将父亲珍物《昆剧手抄曲本一百册》捐赠给政府。

另外，团员中汪叔川、汪季学、程畴庸、程严隽苕、程荣欣、赵志麐、陆佩绅、周非杰、顾伯英、刘重荫、刘潘志英、桯若川、张宾鹿、傅祖如、詹仰会、詹师会、马觐侯、朱容孺、蒋有孚、汪醉楼、何庆五等人未能考证。

## 旅行与摄影

《浪华旅行团十周年纪念册》除刊发了顾公硕三幅摄影作品外，还收录了他的几篇游记和创作谈，谈及旅行文化与强身健体之关系。其中有一篇《旅行与摄影》，颇有趣味：

> 有些人固然是为了旅行而摄影的，但更有些人却是为了摄影而才旅行的。
> 集团旅行，最大的用意，就在分工合作。团体中有了二个以上的摄影同志，就当有联络。取材切忌类同，至少要变换角度。我常见甲选了这一景，乙也来揪一张，丙也来按一张，这实在将

◆ 顾公硕与友人在室内研究拍摄技巧，瓶瓶罐罐疑为自配药水

胶片浪费了。

旅行时的镜箱，自然以轻便最为相宜，可是大型的镜箱，也有大型专有的长处，团体中如能多几人备镜箱，长焦距短焦距兼全，那么运用万能，无往不济。

摄影的技能，也得有相当的估计，譬如甲是机会主义，擅于速写，乙是古典主义，喜欢历史上的材料，只要一人认定了一种目标，临场就不必礼让，各自挥发各自所长。也许有种场合不便扬声，连招呼都不能，那末只好请你眉言目语，来一个暗袭。

暗袭摄影是需要相当经验的。第一要镇静，不动声色；第二要大胆；第三要敏捷，因为机会是稍纵即逝的。

摄影附件，看似累赘，应用时却又少一不行，宜多带。且不能各人分担，因为旅行时，总有先后距离，有时附件不在手边而会失却机会的。

纵使底片带足，并没十分希望的景物，不必滥摄，机会是随时随地来的，机会来了而底片早完了，这是将抱憾终身的。

同是一样景物，光源方向的不同，影响照片的美恶，有意想不到的不同，所以眼前的美景，只有眼前，千万不可犹豫，已经失了机会，你得预计时间，候准天气，鼓勇气再往，这时的收获，定偿所失。

重摄，未摄，漏光，等等，都是难免的损失，就是老手也如

◆ 浪华旅行团成员在北京颐和园景区拍摄中，当时他们使用的摄影器材较为先进

此，所以你得熟练一种一定的步骤，如开镜箱，拨快门，卷胶片等，孰先孰后，都有一定，久而久之便成一种习惯，因旅行时使用镜箱的机会较多，有了这一种习惯，可以减少错误。

游览名胜，而专对古迹摄影，并不是十分聪明的行径。前人已用过的章法，也不必摹仿。

旅行时用车马代步，也得注意沿途的景色，如有好材料，情愿停车下马工作，车夫马夫背后噜苏，不去管他，同行者不耐久等，前来催促，也不妨置之不理。

在纪念册中，团员们还围绕如何开展旅游各抒己见，其中不乏先锋之言，摘录如下：

白相要穷奥探颐，决不能乘舆携导，盖彼辈所知者，皆人人藉藉之某寺某塔，一到便见几尊金装佛身，几椽高大栋宇，真真山川之奇，不能睹焉，又不能到人人常到之所，盖常到之所，即为好事者所矫作，全失本相，最可恶者，藻朱润彩，画蛇添足，失真之尤矣。（汪葆楫）

◆ 浪华旅行团成员在旅途中野餐，图中可见顾公硕、顾公雄、汪葆楫等人

昔石谷有临安山水长卷，及游天目山，路经临安，见山上树木皆作低林，与此相合，古人学画从多游得来，非虚语也。游览一胜，当求一胜之妙，断不能以胜于此胜之胜较其短长，一较便扫兴矣，盖游览必须尽兴，兴败则无味矣。（程庸畴）

白相切不可与慕名之士为伴，慕名之士只知某山有某寺某迹，孰知某寺某迹为前人所发，固有可游之处，而寻胜尤为重要，抑且有趣，发前人所未发，别有一种真致。且寻胜极费力，而又容易失望。若辈最怕动，因之横生阻挠，最为乏味。（张宾鹿）

提及旅行团中包含的摄影研究社，很重视合作精神，例如要定期聚会，交流技术、器材方面的事项，交换镜箱，提倡合购器材，避免浪费。还有公共光室、公共暗室供社员使用，允许互相观摩学习，并征集外界批评。还有一项"质疑"规定，即"互相质疑交换智识"，由此促进社员互相提高。

正是在这种开放的社团活动之下，社员们经常有优秀论文发表在当

◆ 浪华旅行团成员在旅途中留影，图中有汪葆楫、顾公雄、顾公硕等人

◆ 浪华旅行团成员在登山旅途中留影，前为顾公雄

◆ 浪华旅行团成员在一处古迹前留影，图中可见顾公雄、汪葆楫等人，多人在鞋外又套上草鞋，应是防滑。此图应为顾公硕所摄

◆ 浪华旅行团成员在一处古迹前留影，此处埋葬的是一位德行高尚的君子

◆ 浪华旅行团成员在旅途中留影，图最右为顾公雄

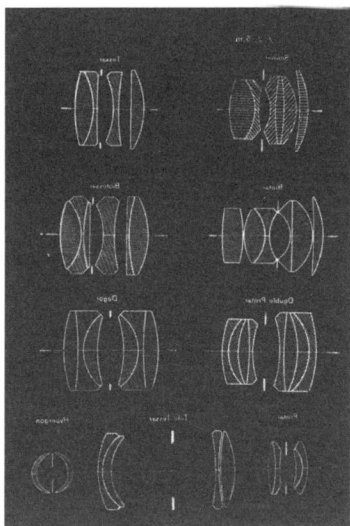

◆ 顾公硕留下来的镜头资料

◆ 浪华旅行团成员在北京旅途中留影

◆ 浪华旅行团成员在旅途中一个山洞里留影，图中有汪葆楫、顾公雄、顾公硕（右一）等人

# 山山水水皆入镜

翻看顾公硕遗留下来的老照片，其中不少是山水风景。从照片的拍摄角度看，每一张似乎都是一幅画，或写实，或写意，或全景，或局部，都颇为用心。

查阅顾公硕留下的遗稿可见，他外出时总是带着课题前行。譬如在一篇《东西山待访录》中就清楚地记录着他出行的目的：

印度造观世音菩萨像，在碧螺峰灵源寺。又铜佛像五尊各高尺余。

东山隐梅庵，顾梦芗所筑。

龙渚山造像四躯。

石佛寺观音洞造像，叶召臣殷拱王向言等造，共像32号在龙渚山石佛寺摩岩。

石造三官像、石造真武像，鼋山嘴屯山墩萧天君庙内。

渡渚山候王寺，明正统五年建筑

堂里水月寺，明正统十四年

东山　敬德里王氏宗祠　　　旧为朱必抢缥缈楼

　　　绿阶山庄　　　　　　叶氏

　　　浮碧亭

◆ 山景、水流、帆影、机船、白云等构成了一幅极富历史意蕴的水上交通旧照

|  |  |
|---|---|
| 夏荷园 | 严盂繁别业 |
| 兴福寺 |  |
| 眠佛寺 | 传明初塑 |
| 吴季子祠 | 吴巷 |
| 依绿园废址 | 吴巷 |
| 古香室 | 杨湾 |
| 鲍园 | 槎湾 |
| 中峰寺 |  |
| 三峰寺 |  |

| | | |
|---|---|---|
| 西山 | 罗汉寺古紫藤 | |
| | 山居留云堂 | |
| | 普济寺 | 又名文化寺 |
| | 蒋氏寺 | 蒋巷 |
| | 萧天君庙 | |
| | [葛氏祠（祀葛洪） | |
| | 徐氏祠（徐徽言裔） | |
| | 蔡宗祠（蔡良瑞裔） | |

◆ 顾公硕拍摄某处名山名刹，构图颇有国画意蕴

　　　　秦祠（秦观裔）

　　　　西蔡宗祠（蔡源裔）]　　　　　消夏湾

　　　　继善堂

　　　　上真宫

　　　　水月寺

　　　　祠　　　　　　　　　　　慈里

　　　　郑氏祠　　　　　　　　　角里

　　　　禹王庙，塑像尊严　　　　岢山

　　　　角庵山最高峰对弁山

　　　　角庵，殿宇结构极精

　　　　盘龙寺，旧阚泽别业改为寺　　横山

　　顾公硕在实地考察时，一一核对史料记载，并希望能够有所探索和再发现。他爱护这些文物，希望它们能够完好地保存下去，并为世人了解历史、了解本身所用。他作这些记录时似乎总有一种紧迫感，像个预言家似的记录着。

　　除了针对这些山水之间的文物进行梳理和记录外，顾公硕还会

◆ 桥洞里看风景，江南风景，始终如画（顾公硕 摄影）

记录山山水水的方位和特点。譬如他发表在《旅行杂志》上的 篇游记，便记录了太湖胥口的波光：

　　胥口，在苏州西南。木渎镇下的小镇，是游踪罕到的所在，这次，吾们去观光，也非预定，不过开南往木渎的小火轮上，展开了苏州地图，吾们就盲目的指定了胥口。及船抵木渎镇，上岸问清了路，就开始向胥口进发。途遇乡农，对吾们的行动，都有疑讶的形色，大约踞于太湖滨的小乡镇，根本是少人问津的。

　　胥口离木渎约有十里，是出太湖的口子。胥山在其南。香山在其北。两山相峙，他中间的一水，就名胥口。口外水光接天，银色的波涛，真是浩浩无极。座座的山屿，隐现在杳杳暮烟之中。极目望去，疑云疑山，悠然万变。云聚了，是道据，散了，又那样，到底没有看个真面目出来。吾想：如果在月夜泛舟，一定另换一副面目，风惊鹭鸣，月舞怒涛。不要说在下这支拙笔，就是有声电影，也摄不出那样美。可惜萑苻不靖，这里是出入要冲，不容你有这样雅兴。

　　明知诸位急欲知晓胥口是怎样的口子，所以在先就介绍口外风光，是这样伟大雄壮。想不到口以内却又风丽邃秀，仿佛是一位绝色美人儿。要用另外一副眼光去欣赏。这里没有古迹，不是名胜。没有伟大建筑，也没有要人别墅，先烈坟墓，供君仰慕。这里所有的，不过是竹间楼、柳边亭，一叶扁舟，排藻破萍，几个轻鸥，随波逐流。分明是渔樵故里，天然一幅大年水村图。有人过此，谁没有出尘之想。此行而有如此收获，实为始料不及。其余如胥山香山，想当然都是很好的去处。恨为时间所限，不能畅所欲游，只好期诸他日。

春假中，如到苏州游灵岩山，不可不带游胥口。如为时间关系，二者不能兼得，那末不妨放弃灵岩，而专游胥口。

顾公硕的这篇游记刊发在《旅行杂志》的第八卷第六号上，署名"七阳"。《旅行杂志》于1927年创刊于上海，是由时任上海商业储蓄银行的总经理陈光甫先生一手策划创办的。陈还创办了以"发扬国光，服务行旅"为主旨的中国旅行社。该杂志虽倡导旅游文化，但刊发的内容却很是丰富，游记、散文、随笔、小说、摄影作品都有，而且撰稿人均为民国时期享誉文坛的新闻界、小说界乃至政界的重要人物，如钱歌川、郁达夫、张恨水、秦瘦鸥，等等。杂志印刷精美，排版时尚，一时引领业界潮流之先。顾公硕这篇小游记，看似信笔写来，实则反映出他自己的旅游观：旅游看什么，应该怎么看。他喜欢自然的山水，更关注当地的人文环境，他不愿意人云亦云地追踪和附和那些"著名景点"和已知的名胜，只想把旅游还原到最单纯、最干净的目的——怡目怡心。这在他的其他几篇小游记中也有体现。例如说到阳羡（今宜兴）的张公洞：

张公洞，相传张果老隐修居此。明都玄敬游张公洞记云："予尝览周处风土记，谓汉张道陵修仙于此。而郭景纯亦称阳羡有张公洞。"据此，则洞名始于张道陵，不以果也。亦名庚桑，则有以亢仓子得名。吾侪为游赏至此，洞之谁属，可存疑而不问也。洞分前后两部，其胜概已详各家邮寄，可勿多述。前洞即天篷大场，其照片各画报已一再刊登。洞之最胜处，在于洞内小洞。盘旋上下，千变万化。往往自左洞入，上下爬行可十余分钟。及其出洞，仍在入口之右，而两口洞相距，不过五六尺耳。类此者多至数十洞，非亲历其境者不能知其奇妙。

正是怀着这种探索和探险的心理，顾公硕的照片才拍得更有境界，更为别致、幽远。

◆ 太湖渔民和旧式渔船（顾公硕 摄影）

◆ 苏州西郊外一马平川，开阔可见（顾公硕 摄影）

◆ 顾公硕拍摄于太湖东山的一处山水胜景。安定塔原在吴中区东山镇席家湖，东山人云"先有官庄葛家渡，后有翁巷席家湖"。官庄葛家渡兴盛于南宋，翁巷席家湖兴盛于后。席家湖在莫厘峰下，太湖之滨，依山傍水，景色极佳。1699年，康熙皇帝在此上岸，席启寓在此迎驾。1933年，旅沪商贾席启荪为纪念席氏祖上迎驾之举，建造启园，俗称席家花园。1916年，金融界席锡藩为报母恩，取席氏的郡名安定（原属陕西），在席家湖嘴小北湖口造了一座安定塔，层次七级，下层可以入内，其余不能上，高16米，塔门有联云："远籁湖声应法鼓，余晖山响起梵铃。"塔与邻近启园楼台亭榭连在一起，颇具诗情画意。塔前湖滨是渔船栖息场所，也是渔民避风躲浪的港湾。安定宝塔就成了渔船航行停泊的标记。安定塔很小，但临水倚山，仰俯天地，民国初诞生到"文革"中毁灭，不到50年

◆ 浪华旅行团成员在大山下，可见人在大自然面前的渺小（顾公硕　摄影）

◆ 苏州胥门城河旧景色（顾公硕 摄影）

◆ 苏州古城墙，现已不存（顾公硕 摄影）

◆ 苏州西郊山脚下的古建筑，苍凉古朴（顾公硕 摄影）

◆ 苏州石湖的古亭（顾公硕 摄影）

◆ 苏州郊外一座古桥（顾公硕 摄影）

◆ 苏州横塘亭子桥，现已不存（顾公硕 摄影）

◆ 苏州东山陆巷王鏊墓，现已不存（顾公硕 摄影）

◆ 苏州郊外农民劳作场景（顾公硕 摄影）

◆ 苏州北园旧景，远处为北寺塔（顾公硕 摄影）

◆ 苏州可园旧景（顾公硕 摄影）

◆ 苏州拙政园旧景（顾公硕 摄影）

◆ 苏州网师园旧景（顾公硕 摄影）

◆ 苏州光福寺的"清奇古怪"松柏（顾公硕 摄影）

◆ 苏州瑞光寺与瑞光塔（顾公硕 摄影）

◆ 扬州园林旧景（顾公硕 摄影）

◆ 扬州园林某处精美石雕（顾公硕 摄影）

◆ 扬州瘦西湖旧影（顾公硕 摄影）

◆ 镇江北固山"天下第一江山"，明吴琚书（顾公硕 摄影）

◆ 1949年后不久，北京颐和园旧景

◆ 颐和园风景

◆ 颐和园众香界旧景

◆ 颐和园内旧景

◆ 颐和园内的瑞兽

◆ 此桥应为北方某处名桥

◆ 山坳瀑布，应是拍摄于北方某处名山

◆ 野外一处石龟高碑，残落不堪

◆ 野外的石人、石马及破旧的房屋（顾公硕 摄影）

◆ 运石头上山修建寺庙（顾公硕 摄影）

# 劫后余生的照片①

　　乐桥以西，干将路以北，有旧宅老屋参差高下，铺天盖地。这便是原铁瓶巷内的顾宅，系清同治十三年（1874）浙江宁绍台道、元和人顾文彬耗白银20万两购明代尚书吴宽旧宅废址改建的住宅、花园、义庄和祠堂。其花园即为怡园，其宅第也成了苏州典型的私宅大院，宅东路则是著名的"过云楼"。

　　顾文彬为吴中名士，与其子顾承、孙顾麟士俱为江南著名收藏家和鉴赏家。过云楼即为顾文彬祖孙珍藏书画、古籍、金石之所，曾以收藏既精且多被誉为"江南第一楼"。民间有所谓"收藏不过三代"之语，然顾家收藏传至第四代顾公硕时仍能保存完好。顾公硕先生因为家学渊源，是一代学者，擅长绘画、书法，亦精鉴赏，并对古建筑、文物古迹与民间工艺美术均有研究，而且还擅长摄影。就因为摄影，便引起了我的兴趣。当我一听说顾公硕的名字之后，便立即有了寻访顾氏后人的念头。但就在这同时，不少上了年纪的人却告诉我，你要去顾家征集照片，恐怕难的，"文化大革命"一开始，顾公硕就是苏州最早被迫害致死的，造反派抄家，顾家被抄的次数堪称苏州之最，不可能会有好东西留下来。我的心顿时冷了半截。是啊，在征集老照片过程中，我遇到过许多人，就因为"文化大革命"抄家，都抄光了。但我不死心，还是上门去，向顾老的儿子，如今也已七十开外

---

① 作者徐刚毅，写于1999年6月24日。徐刚毅为苏州地方志专家、文化学者。

◆ 顾公硕遗存的底片不少是德国进口的玻璃底片，原包装都在（叶军 摄影）

的昆剧专家顾笃璜讨老照片。然出人意料的是，顾先生先是点点头："出《老苏州》画册是一件很有意义的事，"继而淡淡一笑，"我家里确实还有很多老照片，而且还不是一般的多。"这下轮到我吃惊了："不是说当初抄家，东西都抄掉了吗？""是的，我家一共被抄过六次家，可造反派把照相底片当作垃圾，当初乱七八糟散了一地，所以就留下来了。"哈哈，我兴奋至极！几天后，我即上门去，顾先生指了指墙角四只纸板箱子。我上去搬，喔哟，很重很重，我又奇怪了。顾先生说："有许多都是玻璃底片，当然重啊。"后来还是靠同去的老前辈程宗骏先生，才牛牵马帮地将这四只箱子运回了单位。那几天，我就在这六次抄家后的劫后余灰中翻检整理，如饥似渴。这四箱子底片，足有上千张，可惜有不少因为当初受到损害，已经坏了，但还有许多依然完好！其中有拍摄的红木家具，那是顾公硕先生当年为研究苏式家具而拍摄的。还有工艺美术制品、园林建筑和舞台戏曲摄影等。当然，我最关心的还是古城风貌方面的东西。等到底片冲印出来一看，果然，许多20年代、30年代、40年代和50年代的古城风情扑面而来！当时激动得我恨不得立即跪下来向顾公硕先生的在天之灵磕头表示感激。

顾老研究摄影，他是苏州摄影的开拓者之一，曾是20年代由刘半农支持的北京光社的成员，作品多次参展获奖，并有摄影艺术理论译著发表在《飞鹰》等摄影杂志上。20年代他就添置了一架德国产的莱卡相机，有全套镜头，还有在当时最先进的暗房设备，于是就有了后来的那许多照片。顾老虽然家庭富有，但却同情革命。在白色恐怖笼罩的年代里，他就说过："希望在延安。"后来他的家成了共产党地下活动的地点。新中国成立后顾老先后担任苏州博物馆副馆长和工艺美术研究所所长。50年代他积极倡议并动员顾氏家族把祖传私家园林怡园和顾家祠堂献给国家，又将过云楼所藏文物绝大部分捐给国家，现分别收藏于北京故宫博物院、上海博物馆、南京博物馆、苏州博物馆等处。1966年"文革"刚开始，为免使家中一些文物藏品遭到破坏，他主动请市博物馆派人接收保管。谁知造反派却趁机来批斗他，他绝望了，留下一张纸条，上写"士可杀，不可辱，我先走了"，当夜便离家出走。第二天早上，就有人在虎丘一号桥河里发现了他的遗体。

　　顾公硕先生离开人世已经30多年，但是通过他当年摄下的镜头，我们却看到了古城那一段早已消逝了的历史和风貌。这次《老苏州》画册就收录有他拍摄的50余幅。

　　谁说顾老已经离开人世？！

（附）顾公硕发表在《飞鹰》上的摄影论文

## 正全色性软片（Ortho-pan-chromatic film）的特征[①]

太阳光通过了一个分光器（三棱镜），就可分成紫、蓝、青、绿、黄、橙、红等七色，还是人类视觉所能见的光色，故称之曰"可视光线"，但自然界中尚有视觉所不可见的光线，就是紫外线（Ultra-Violet）和赤外线（Infra-red），称之曰"不可视光线"。

摄影的作用，就是利用一种感光膜，能感受自然界长短不同的光波，成为强弱不同的黑白色，但照像所表现黑白色的强弱，并不能和视觉所见各色的明暗成正比例，譬如视觉审察光力，比较最明的，自然是黄色，最暗的，自然是蓝紫二色，而在普通底片，他最不感的就是黄红二色，最易感受的是蓝紫二色，适成反比例。尤其是紫外线，他在视觉中是不可见的，而在底片上老是先入为主地占着重大地位，于是吾人欲利用黑白两色来表演自然界的彩色层次，并不容易，因为看去与肉眼平常所见相差太远，有显然异样地不顺眼。

人类希望避免上述的缺憾，故制片厂匡正这色盲性的工作，有突飞的进步，至今日"正全色性底片"（Orthopanchromatic，一时无适当之释名，以意会之，故曰正全色性）问世，与从前的普通片相较，他的感光状态的改良，真有霄坏之别。

---

[①] 署名"老奂"。文中所附插图不再另附。《飞鹰》创刊于1936年1月，主编金石声，是一份民国时期的专业摄影刊物，由于全国著名的摄影大师郎静山、胡澜生、吴中行、冯四知、卢施福、张印泉、刘旭沧、王劳生等都是《飞鹰》的座上客，这份杂志名声大振，并行销全国各地及海外，在社会上有很强的影响力。1936年，正是我国摄影的初创时期，摄影设备简陋、技术水平低下，但《飞鹰》的选稿却始终坚持艺术标准。在《飞鹰》创刊号上，编者强调："本刊内容，务求艺术大众化。并极欢迎有价值的文字和意味深长之照片。我们选择的标准，不以作家之名定取舍。"因此，《飞鹰》杂志入选作品的标准高、要求严、质量优，不仅受到全国各地摄影爱好者的喜爱，在国外也还有许多读者关注，在当时的摄影界有相当的影响力，在中国摄影史上占有了一席之地。此文留存资料并不完整，此处仅有其前半部分。

## 一、新旧式分色性Orthochromatic底片

本来的照相底片，他感光范围与人类视觉所见，完全不同。这在上面已讲过，此刻请看第一图细线所示（即视觉感光范围）（即普通底片感光范围）与粗线所示，就显而易见，视觉是以绿黄二色为中心，而普通底片是以青紫为中心。后来为弥补这一种缺点起见，利用一种感光性颜料，加入原来的感光药膜中，制成一种能强感黄绿色的底片，总称为分色性底片。

最初问世的分色片，虽曰能感黄色，然其感受程度，不及青色之强，他的感光范围如第一图———-线所示。故用此种底片而欲黄色部分明显时，有用黄色滤色镜吸收青紫色之必要。其后有所谓"超分色性"（High Ortho）的底片问世，他的感光范围如第一图----线所示，对黄绿色感光特强，今日市场发售的柯达新万利软片和矮克发的伊速固，都是有名的超分色片。伊速固起初到中国是23° Sch。后来增至二十六，近来又增至二十八。感光度逐渐增加，他的感黄绿色的范围也随着增高，其增高状态，有如第二图所示。这是一种对光电的感色曲线，电光放射的光波，以长波居多，所以用这种底片在电灯光下摄影，黄色较青色为强，而他的感光范围也近乎视觉所见。如果用在日光摄影，那末青色要比黄色强了。伊速固底片及类于伊速固等超分色底片，在日光下摄影，可加一淡黄色滤色镜，也可得与视觉相近之感光度，分色片无分新旧，对于红色部分，都不能感受，所谓近似视觉所见之感光度，不过从青色以外加了些黄绿光而已，因为不能感红光，所以红色部分在照片上是黑色，这一种缺点，在下面讲的全色就不同了。

## 二、全色性Panchromatic底片

初期的全色片，虽称能感红色，但也与初期的分色片一样，红色的感度，远不如青色之大。这时的出品，他的感色曲线有如第一图----线所示。最近有所谓S·S·PAN者，他对红色的感度甚大，与青色几处同等地位，如第一图———-线所示。可是这种底片，尚有

一种缺点，即对红色感受甚强，超过了视觉感度，对绿色感受甚弱。故感色曲线的绿色部分，成为凹形。用这一类底片，而欲得与视觉同样的感色度，必须用一枚淡绿色的滤色镜，或者黄滤色镜。

### 三、正全色性Orthopanchromatic底片

要没有像上述的弱感绿色的缺点，而药膜的感色度与视觉的感色度，完全相同，这种最理想的底片，到最近居然有相当的成功。这种底片，就是Ortho Panchromatic正全色底片。不过严格言之，当然尚有可訾议的地方。现在请看第三图，图中所绘曲线，是矮克发全色片逐年改良的报告。这是对电光的感色曲线，故大致红色方面强，如是日光，那末就要青光强了。

图中— — — — -线所示，是一九二九年五月出品，可见他感……

## 大苏打驱除法之新研究①

韦特Dr.E.Weyde.氏新发表一种关于大苏打驱除法的报告，甚合玩好家口味，特介绍如下。

不问底片、像纸，要是冲洗不净而残留着大苏打，那末历时稍久，就易发生变化。甚至有的照片，晒了没一年，照面已发现了黄色斑点。考其原因，不外是残留着的大苏打分解，其中的一部分硫磺与银粒子化合，结果成为黄色的硫化银。故希望照片永久保存，驱除大苏打，实属必要。

在试验冲洗时，发现了有时难长时间的冲洗，而结果大苏打仍驱除，有时比较的短时间冲洗，却完全驱除尽了。考验这一种事实的原因，得了如下的结论。

（一）晒像纸久置定影液中；（二）定影液中的大苏打过浓；

---

① 署名"老囱"。

（三）定影液中的酸性过强；（四）显影急止液的酸性过强。

　　在以上四种情形之下的晒像纸，大苏打已浸润而深入纸质里面，故难驱除。

　　如于定影之后，冲洗之前，将晒像纸先置碱性（ALKALI）液中，那末冲洗时，容易将大苏打驱除。故在定影与冲洗之间，最好先浸于百分之一的无水碳酸钠溶液中约一分钟。

　　显影急止液、定影液等的酸性过强，或定影液的大苏打过浓，晒像纸浸在这种溶液中，为时过久，大苏打就有浸润在像纸的纤维质中的可能，驱除他就难了。故厚的晒像纸，较薄的晒像纸，更非长时间的冲洗不可。

　　定影液的处方不良（酸性过强），大苏打与银之化合物沉积于纸的纤维质中，而这种物质，他的溶解性很少，虽充分冲洗，亦难驱除。如定影液过旧（定影液一立脱已溶解三克以上的银时），纸的纤维质中沉积了银与大苏打的化合物，那末虽无论怎样地冲洗，也难望驱除尽净。这种残留物，在硫化调色时，马上被染成污色斑点。

　　坚膜定影液，或酸性坚膜定影液，比较了不加坚膜剂的定影液（即单用大苏打或用大苏打及酸性的定影液），容易洗净。

　　中性的定影液（即单用大苏打的定影液），较酸性定影液，容易洗净，如在定影后、冲洗前，先浸于百分之一的无水碳酸钠溶液中，则可更快的洗净。因冲洗之前，先浸于碳酸钠溶液中，即使定影液的酸性强烈，也能将酸性中和而驱除之。故冲洗工作，可提早完毕，浸过碳酸钠溶液后的十分钟冲洗，约可等于不同碳酸钠容易时的三十分钟冲洗。

　　在右面的利点以外，当也有几种缺点。就是薄的晒像纸，经了这种溶液，在冲洗时，容易卷缩（软片亦然）。如用的是有光纸，而上光时加高热度使之干燥，那末因碱性的关系，纸上的白色，不可免有几分的减退。故在碳酸钠溶液中，最好不要浸过一分钟。溶液之浓度，最好也不要过了百分之一。

　　所谓百分之一的碳酸钠溶液，是极稀薄的，容易为定影液中的酸性所中和，故有时换新溶液的必要。

虽不免有上述的几种缺点，但比了利点，还是值得试用，因为至少可发挥如下的三种效果。

一、可保永久。二、洗冲可急速完毕。三、用硫化调色时，不致染污。

## 强力显影与舞台摄影①

在从前Cooke lens F2.5初到中国，记得有一家经理商行，用了去摄舞台剧，摄时的快门，是十分之一秒，在动作不甚急速的舞台面，自能安然无事，结果闹动全沪，报纸竞相刊载，读者都含有惊奇成分，认为是难能的工作。近来高级小型镜箱与高级镜头盛行以来，用特快全色底片，和F2、F1.5镜头合作；摄取舞台剧，早不是难事，但小型底片，因为必须放大，一定要用微粒显影液，而微粒显影液，不问是D76矮克发15，或者瓶装的原液，大都含有多量的亚硫酸钠，多少要牺牲底片的感光度，所以今日虽用了极快的镜头，异速的底片，还是不能挥发他的全能，在寻常电灯光下摄影剧照，还是要选择精致的场面，因此《四郎探母·坐宫》是好材料，而《三本铁公鸡》就无所用其技了。

最近看到一本某国杂志，发表一种强力显影液的试验报告，据说在这极强力显影液威力之下，摄取舞台剧，用F3.5光圈，可用五百分之一的快门，这真是惊人的报告。但在没有实验以前，不敢武断他是夸大。

本来新闻记者，有时要用一种强力的显影方，不过底片多少发生阴翳（Fog），而且粒子粗，离子过强，都不适宜于小型底片。适宜于小型底片的显影液，一定要合于粒子不粗，阴翳不生，调子适当等三条件，而据说这一种强力显影方，一方面有强力作用，而一方面又适合这三个条件。

---

① 署名"老朵"。

◆ 顾公硕留下来的昆曲舞台摄影

　　这一种药方，并没有什么特殊的药物，是再简单没有，他的成分
如下：

　　米吐儿 十份（10g）

　　无水亚硫酸钠 三十份（30g）

　　无水碳酸钠 十八份（18g）

　　水 六百份（600cc）

　　照上面成份，依次溶解，适可装满莱卡显影罐（Tank）。液
温可比标准液温略低，约华氏六十度，再低则米吐儿将不起作用，
切忌。显影时间约四分半至五分。应用的底片，不消说，当然是
S·S·PAN。微粒程度，大约将莱卡底片放至十二时而用微粒面的放

大纸是不致认出粒子的。

苏州向没有可看的旧剧，这一问题，因而久悬未决，一直到最近为募育婴经费，苏沪名票，汇串昆剧，于是我的实验机会到了。公演的场所，是假产一家电影院，电影院的前台是根本不需电灯的，这次临时台前装上十盏七十五瓦电灯，连台边脚灯统计，至多不过二千支烛光，在如此情形之下，摄取舞台面，本来是不十分有把握的，但实验终得要实验。实验的结果如下：

第一图是沪上名票徐韶九君的《望乡》，他坐的地位，在台的左角，所谓台的左角右角，戏迷是说得出他的专门名词的，在我们影迷只晓这是光线最暗的一角，故光圈绞至F3.2，用四十分之一秒快门。第二、三两图，光圈也是F3.2，因为表演者居台中心，故用六十分之一秒快门，曝光都适当。第四图为张元和、充和姊妹与王荪民君的《断桥》，演者接近台边，灯光强烈，绞F3.2三十分之一，结果曝光过头，三个检场人，立于台里边，故感光适度。第五图是拜托好吴绥之君所摄，表演者地位与第四图同，F3.5二十五分之一秒，有意用普通显影液（非微粒者）冲洗，结果感光不足。所用底片，皆为矮克发ISOPANI.S.S.。

这一次实验，限于台光力过弱，造成的最高录，仅及六十分之一秒，与外国所发表的五百分之一秒，相差尚远。这无异于中国的世运代表，限于实力不足，不能逐鹿于世界舞台一样，不过我想，如在伟大的剧场，他的全台电光，有二三万烛光，将十余倍，这次的二千支，那末用F3.2六十分之一秒的比例推算起来，造成F3.5五百分之一秒的记录，是轻而易举的工作，可说毫无夸大的成分，亦无所用其惊异。不过我这篇报告，不能算完篇，这未完的工作，可请在沪同好，利用这个新年假期，到上海实力充足的剧场去实验，回头最好给我一个佳音。

（附言）

五百分之一秒、千分之一秒，这些快门，本是最后防线，非必要时，本可不用，所以舞台面并没有急速动作而定做用五百分、千分之一秒的快门，是无谓之浪费，当依比例，绞小光圈，而利用景深，可便利得多。如果我在这里再介绍一大段关于景深的原理，无疑的编辑先生将疑心是有意延长篇幅，因为这是尽人皆知的常识。我这次实验，就利用景深，我所用镜头是从莱卡Hektor 50mn f:2.5 Lens.先测定从座位到台边、台中心、台左右等距离，然后利用景深表，将光圈绞小而焦点集合在最适当的地位，以后就不再用测距仪，视从观影匣中从事工作。

舞台面的取材，也得相当注意。最好你事先对戏剧内容有相当的认识，而预定摄取怎样几个紧凑场面，表演到将近，就准备一切，那末临了不致失错。

也许你在公余之暇不是戏迷，而是舞迷，而是公园中闲观万态的公园迷，我以为同样的，可利用这一种强力显影方，大约在舞迷，可用F3.5光圈，用二分之一至十分之一秒快门。在公园或街头速写，如阳光强烈，F6.3可用千分之一秒快门。依此比例推算，你的摄影领域，将扩展到任何环境之下，不发生任何困难。

话尽于此，如有错误的地方，请你实验后指正。

## 滤色镜（FILTER）的倍数问题[1]

### 一、总论

滤色镜的最大任务，是拒绝一部分不需要的光线而吸收之。故用滤色镜后，到达感光膜的光之质量，自然较不用时减少，因此曝光时间，也较不用时延长。譬如不用滤色镜时，这张照片曝光一秒钟最适当，现在加了这一个滤色镜后，要延长至三秒，方始适当，那末这一个滤色镜的曝光倍数，就是三倍。但同是一个滤色镜，对这一个目标是三倍，换上一个目标，因环境的不同，也许就变成十倍。所以一个初学者，对滤色镜没有相当的理解，不过根据了一些说明书上恒定的

---

① 署名"老兵"。

倍数，缪然去使用，那是往往要失败的。吾人固然知晓摄影的曝光，是关乎一张照片的生命，然滤色镜的倍数问题，更关乎得失，常听经验家说："照片的曝光，与其不足，毋宁过头"，可是用了滤色镜，这句经验话是不适用了，曝光要恰到好处，如遇没有把握，那末与其过头，毋宁稍不足（有时要天空都呈黑色，特为缩短曝光）。要是差误了倍数而曝光过了头，本为滤色镜所吸收的一部分光线，也同样的通过了，这时就等于没有加滤色镜，甚至比不用滤色镜更坏。所以吾人要解决这个倍数问题，全凭经验，尚不足恃，有比经验更要的，就是光学常识，作者向是闭门造车，今将一得之愚，供于读者之前，同时还望读者的指教。

## 二、滤色镜之任务

我们无论用何种底片，无论用何种光源，要匡正它的感色性能，与肉眼所见成正比例，虽则感光膜不断的改进，但至今日为止，还是不可能。于是吾们必需要利用一件可以调节光源的东西，用来调节光之质和量，俾不需要的光，足以妨害摄影目标的光，皆拒绝通过镜头，而将必要的光，通过它适当的分量。这一个东西，就是滤色镜。这种作用，也就是滤色镜任务之一。

正色摄影，就是将照片上的黑白深浅层次，与事物真实色彩的明暗度，成为正比例，自然是一种正当的方法。但有时也有更进一步，随着摄者的意志，有意利用滤色镜来变更原有的色调，这时当然不能再以肉眼所见为标准了，它是以需要而定舍取了，这一种矫枉过正的作用，是滤色镜任务之二。

摄远景，不易有好成绩，最大的原因，就是空中的紫外线以及蓝紫等短光波作祟，所以摄远景，欲远处的明暗阶级，充分表演，这是滤色镜任务之三，

赤外线摄影，是单单利用赤外线摄影。赤外线以外的光线，当然又要借滤色镜的力，将它完全吸收，这是滤色镜任务之四。

第三辑　器物之美，工艺之魅

# 一个人的工艺宝库

有一次看资料，说顾公硕在临去时，曾做过一件事，就是把上海一家出版社预付的稿费退回，说他此前接过一项事业，即编撰《中国工艺美术辞典》，政治运动开始时感到此工作必须终止。顾公硕留下来的一大堆手稿资料，其中大部分都是涉及工艺美术类的史料。

2014年是苏州市文联刺绣小组成立60周年的日子。一个普通的文化小组，一甲子的年轮，却引来众多刺绣名家和文化名家的关注和参与。这年春天，他们聚集在苏州市文联复古的小园里，谈起了历历往事，也寄望着未来。他们都提到了一个名字，那就是顾公硕。

刺绣大家顾文霞，针下小猫、金鱼、花鸟栩栩如生，有"猫王"之称，作品多次走出国门，美国总统卡特现场看她穿针走线，大为惊叹，收到双面绣围巾当场围上。顾文霞以技艺立身，自觉领悟，在刺绣针法上，既有传承，又有突破和创新，留下了诸多经典作品，还受到过毛泽东等的接见。如今，顾文霞功成身退，其高足也已经成名成家，其工作室前景一片光明。

回到60年前，顾文霞还只是个小小的绣娘，顾公硕组建刺绣小组，吸收她进入。她带着六个月大的孩子进入刺绣小组，艰难程度可想而知。还有一个待遇问题，据说她在家中做一套棉衣就能赚两块半，但在刺绣小组绣一天却只有七角钱。顾文霞笑笑，说就是喜欢，能做刺绣开心得不得了。实际上她这条路真是走得太对了！

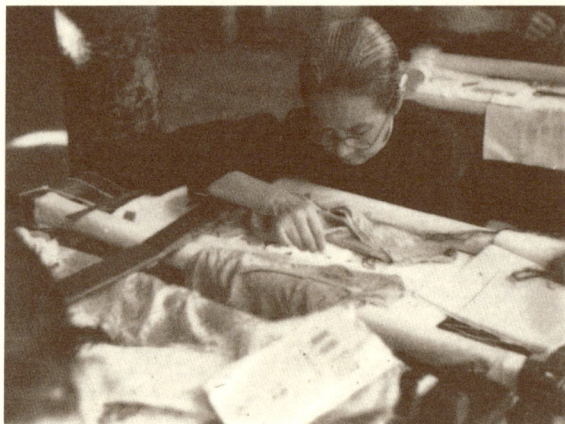

◆ 苏州一位刺绣艺人在绣绷上刺绣

刺绣自古就是江南文化的一张名片，顾公硕意图复兴工艺美术，刺绣无疑是首要任务。顾公硕并非体制内人，新中国成立前为"闲适公子"，充分发挥个性，自由发展艺术路径。新中国成立后，他自然成为统战对象。他从1950年进入苏州文联工作，先后任新国画研究会副主任委员、民间艺术研究组组长。他最先关注的是苏州一宝桃花坞木刻年画。

年画大戏中，以南桃（苏州桃花坞）北柳（天津杨柳青）著称于世，桃花坞木刻年画起源于宋，发轫于明，盛兴于清，康乾版为最佳。日本浮世绘即有桃花坞年画的影子。顾公硕对日本文化早有关注，且熟悉日文，自然也了解其中的渊源，知道桃花坞年画的珍贵。太平天国时期，苏州成为兵家必争之地，战乱之祸殃及诸多文化品种，山塘街一带年画铺几乎不存。到了民国时期，受西方印刷术普及的影响，手工年画更是渐渐式微。由此，顾公硕从桃花坞入手，开始对桃花坞地区、玄妙观地区等处画铺、传承人进行调查。1951年，在纪念太平天国起义100周年之际，他组织画家创作，经桃花坞年画作坊印了一套《太平天国在苏州》，并在大商场举行了木刻年画专题展览，受到各界关注。他自己更是调查并写作了一批专业的论文，刊登在《文物》杂志上，追溯桃花坞年画的历史渊源，并追访老一辈传承人和老工艺，还贴钱给老艺人，希望再兴桃花坞年画的艺术流派。陈

◆ 刺绣双鱼日用品

从周说，顾公硕先生在研究工艺美术方面，有其精辟之论，苏州桃花坞的年画，他下过很大的功夫研究。

渐渐地，他的视野由年画展览延伸到了苏州的其他工艺门类。1954年春节期间，由苏州市政府和苏州市文联主办了新中国成立后第一次"苏州市民间美术工艺品暨国画展览会"。展会分为两个馆，分别在苏南文管会（今苏州博物馆）和东北街洪泽小学。参加者至今谈起来仍觉得当年的情景历历在目，说到其中的展品，更觉得是空前的繁丽。桃花坞年画、缂丝、宋锦、木雕、砖雕、石雕、折扇、泥人、灯彩、剪纸、绒花、银细工、铜器等等，多达87种。其中还有大名鼎鼎的苏绣。

一国甫靖，百废俱兴，在当时的历史背景下，文化似乎成了普通百姓平抚心灵的镇定剂。这次展览受到了空前的关注，既有官方的，也有民间的。很多如今已是名家的参加者皆说，当时看了展览深受触动，觉得就是一种无形的动力和助力。这次展览的主要筹办人就是顾公硕，他花了两个多月的时间来回奔走，征得老工艺人的同意，商借展品。他在展览词中写道："这一次的收集，仅仅是一个开端，由于时间和能力的限制，必有所遗漏和缺点，尚待今后继续地深入研究和发掘，但从这些收集到的展出品中，已经证明，苏州市有丰富的蕴藏，充分表现了苏州市劳动人民的惊人智慧和创造能力，相信这次展

◆ 翻拍的日本资料上的刺绣图（顾公硕 摄影）

览，将给全市人民以深刻的印象和有益的启示。"

展览后不久，中国美术家协会美术服务部郑野夫从北京到苏州，他的任务是寻找能够出国展览的工艺美术品和国礼。顾公硕与其会面后，便决定要创建一个刺绣小组，承担绣制国礼展品的任务。当时贺野就成为顾公硕的同事和助手，寻找民间刺绣高手。刺绣大师任嘒闲清楚地记得，1953年秋天的一天，苏绣行业濒临绝境，她也赋闲在家，顾公硕、贺野带着郑野夫来到她家，推荐她的一幅乱针绣《列宁在讲台上》，后来这幅作品被选中参加国际文化交流。

贺野的油画是吴门一绝，如今功成名就，耄耋之年还在创作之中，书法更是别具一格，犹如他的性格，爽朗、开放，但也有自己的细节。他称呼顾公硕为顾老伯。他说顾老伯新中国成立前掩护过地下党，思想进步，从没把自己当成名门之后来看，总是一身朴素：

当时市文联在颜家巷底，他住城西南角朱家园。那时满是石子路，谈不上什么公共汽车。他却一直笑吟吟的一身洗得干净的中山装，一双黑皮鞋，手拎当时流行的黑塑料包，中间竖着一卷纸，精神抖擞到文联办公。可他在文联既无任何名分，自然没有座位，也从未拿过公家一分钱，甚至没吃过一顿饭，有时反而贴些小钱，如果有什么职务，就是被称为"顾老伯"。[①]可他却为新

---

① 顾氏后人说其职务为"文联执委、文联国画组组长"，但并不是在编的工作人员。

中国成立后的苏州美术做了重大贡献，最后却落得被迫害致死。这里还必须怀念和蔼慈祥的顾伯母，她承担全部家务和顾得其酱油店营业，还定期到文联来为爱子换洗被褥，来时总带来几只水果和鸡球饼干（通常是碎的，到厂里以处理价买得），我们也吃得很快活。

　　想起当年我们一到苏州，首先遇到的困难是语言不通。记得我们首先在无锡城外候船，一听当地话就蒙了。原来他们说的乃是小说《九尾龟》中倌人说的"苏州白"，在纸面上尚可猜得一二，可到现实中却像外国话了。今后怎么办呢？到了苏州后，幸好首先是顾老伯能说一口苏州官话（有时也不太准），他介绍了国画界的陈涓隐（原是知名老漫画家，人很瘦削），余彤甫、彭恭甫（两人均画国画，余胖，彭小，二人工作均很努力）等人，又介绍了他的文物界的老朋友钱镛、高伯瑜等人。这样，人们的圈子愈来愈大，隔阂也就越来越小，美协工作也就开展起来了。他还介绍了观西西药房一位坐堂"艺术医生"，名叫顾寅，人们开玩笑说他针筒看得见灰斑，可医术高明。他在八宝前街的家中收藏了从创刊到那时全部《申报》，从地上一直堆到天花板，像个方而粗粗的柱子，这柱子高高低低有十多个，什么《明星画报》也是全的，他本人的床也就架在报刊堆里。我在他家第一次吃到家乡所无的家常菜：毛豆、土豆丝、番茄、肉丝做得稠稠的羹，以后在顾老伯家也吃过，后在家也学着做，也许手艺不精，妻似乎并不欣赏。且说顾医生，后来参了军，翻译了不少俄文医学著作。

　　细想起来，顾老伯的最大功绩除后来文物鉴赏和捐献外，最为突出的莫过于"苏绣"了。

　　当时的苏州刺绣学校因为经费问题停办，为解决技术人员问题，顾公硕等人就商定招考刺绣人员，人员到位后，供销、技术、配线等各司其职，苏州市文联借款300元购买底料和花线，个人自备绣绷，由此

◆ 顾公硕作注为"露香园顾绣"

筹办起了刺绣小组。座谈会现场，顾笃璜先生的到来，引起了很多人的
张望。刺绣小组初创时，一无经费二无人才，后来顾家居所也成了作坊
车间。美术专业毕业的顾笃璜当初就参与绘制纹样，顾公硕夫人张娴则
亲自上绣绷，有时顾公硕与新来的绣娘意见不合，还需要张娴前去协
调。就是在这样的工作环境下，刺绣小组完成了第一幅作品《百鸟朝
凤》，那是借鉴了粤绣的一幅作品，后来绣稿皆出自名家，如陈之佛、
于非闇等。刺绣小组成立十年间，规模不断扩大，作品不断走出去，传
到捷克、匈牙利、波兰、保加利亚、缅甸、苏联、印度、印度尼西亚、
德国、等等。苏州刺绣小组也"转正"为苏州刺绣研究所和苏州工艺美
术研究所。一批刺绣艺人如金静芬、朱凤、任嘒闲、周巽先、顾文霞等
在这一组织中成长、成熟，成为一代苏绣大师。

　　2014年，在纪念苏州市文联刺绣小组成立60周年座谈会上，缂
丝大师王金山先生对顾公硕最是崇敬，他如今已是国家级非物质文化
遗产缂丝技术传承人。遥想当年，他只是刺绣小组的一个普通手工艺
人，他见证了顾公硕等前辈为复兴缂丝的任劳任怨，但后来受经济大

潮的冲击，不少同行都"转业"了。如今，缂丝收徒也感到了困难，要培育一个成熟的手工艺人起码要五到十年的时间，该如何走下去，让人不禁就回想起了顾公硕时代。

　　由刺绣而缂丝，顾公硕不但亲自去乡间访问缂丝老艺人，还邀请他们到展览现场做展演。缂丝艺术古老而细腻，到如今传承人可用"稀少"形容，顾公硕无疑是有先见之明的。缂丝名著《纂组英华》为北洋要人、大学者朱启钤所作，收录其收藏的大批缂丝精品，其中不乏南宋名家朱克柔的作品。这批珍品，朱启钤曾转让给了张学良，后来流落于伪满政府，曾被伪满博物馆展览并出版过，但数量很少，如今在拍卖台上价格高达十几万元。顾公硕早年与朱启钤多有联系，他当年应该是看过这本《纂组英华》的，他手抄了若干摘要，并作《纂组英华解释》，可见用心。而朱启钤另一本《存素堂丝绣录》也常常出现在他的论文中，他写作的《顾绣与苏绣》基本厘清了江南刺绣的流派和渊源，在调查中，他发现不少刺绣艺人反映绣法名称不统一，各有差异，为此他制定了详细的《传统绣法名称异同表》，发表在1958年的《文物参考资料》上，供广大艺术工作者参考对照。

　　在论文中，顾公硕还考证了苏绣大师沈寿的艺术成就。沈寿生

◆ 顾公硕自注：中国风格的贴绫盘绣地毯（库伦以北出土）

◆ 苏州早期缂丝作品（顾公硕 摄影）

于苏州，因为慈禧祝寿精绣《八仙图》而受赐慈禧亲书"寿""福"而出名，其人物绣惟妙惟肖，堪称一绝。在苏州博物馆里，收藏有沈寿绣《生肖条屏》四幅，分别为虎、兔、龙、猪，针法出奇，用色明丽，条屏落款绣于光绪二十五年（1899），题款为沈寿夫君余觉手笔。这些条幅的捐赠者正是顾公硕。

陈从周先生曾回忆，从顾先生的家世讲，与其说他"大少爷"，倒不如说他是书生来得对。顾公硕对于治学的严谨，有其年画一例。他当年写作《苏州年画》发表，依据是玄妙观三清殿的老艺人汪焕文所述，说吴友如原在山塘街画铺创作桃花坞年画，擅画仕女图"沙相"①，又确实看到了几张落款为"吴友如"的年画作品。吴友如为新闻时事画家，在点石斋工作。顾公硕的文章发表后，不少人转载引用，后来他又在光绪十九年（1893）出版的《飞影阁画册》中发现了新史料，上面有吴友如的自介，似与年画无缘。为此顾公硕跑到上海新闸路找到吴友如的孙女求证，最终确证吴友如的画以先进照相石印传播，并无木版年画作品。为此，顾公硕及时写作《吴友如与桃花坞木刻年画的关系——从新材料纠正旧报道》，承认错误，立即纠正。此文还顺带考证出了木刻年画翻刻石印画的历史渊源。

正是在这样的求真求实的态度下，顾公硕一路搜集、整理、考证了木刻、泥人、家具、老建筑等工艺美术门类，留下了大量的照片实录。

以老家具来说，众所周知，一代大家王世襄以研究老家具著称，早期他曾多次到苏州，顾公硕曾多次接待他。顾家人说后来两人还曾有书信来往。陈从周说，苏州的家具闻名中外，在这方面，顾先生搜集了许多资料，他爱摄影，用照片记录下各式木器。他家好像个小博物馆，后来他出任苏州博物馆副馆长，再恰当也没有了。

文化人士黄云鹏撰文称，1962年10月，顾公硕兼任苏州工艺美术研究所所长。"在顾公硕的倡议和指导下，组织了几位同志，取得市文管会、园林管理处、文物商店的支持，进行了一次明清家具调查，

---

① 吴友如所绘仕女形象消瘦柔弱，面部画法受同时代画家沙馥影响，称为"沙相"。

◆ 顾公硕拍摄的传统织布机，并用红笔作了详细的注解

曾经拍摄了不少红木家具照片，并且逐一测量尺寸作了记录，为苏州家具的研究工作迈出了踏踏实实的第一步。1964年秋，这份资料曾经一度由我保管，我也曾选印一部分照片编为《苏州红木家具图片选辑》，正拟联系出版，'文革'开始了，这些珍贵的资料在十年浩劫中散失，荡然无存了。"

顾公硕去了，但照片还在。大量的家具照片，似乎在延续着一个士子的生命，那些或古典、或婉约、或温润的家具，静静地立在镜头里，无声无息，却似在表达着什么。顾公硕精心拍摄下的图纸，尺寸、数字都还在。如果现代工匠有兴趣，完全可以依照图纸打造一副古典主义的中国式家具。

◆ 顾公硕作注为"沈寿罗汉"

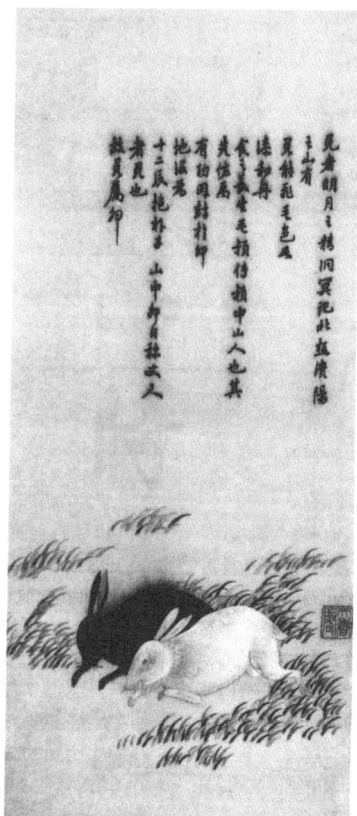

◆ 顾公硕捐赠给苏州博物馆的沈寿绣《生肖条屏》四幅之《龙》《兔》。

《龙》。题字："龙嘘气成云，云固弗灵于龙也，然龙乘是气，茫洋穷乎元（玄）间，薄日月，伏光景，感震电，神变化，水下土，汩陵谷。云亦灵怪矣哉！"

《兔》。题字："兔者，明月之精。《洞冥记》：'北极溃阳之山，有兔能飞，毛色如漆和丹，食之长生。'《毛颖传》：'颖，中山人也，其先佐禹有功，因封于卯地，设为十二辰。'《抱朴子》：'山中卯日称丈人者，兔也，故兔属卯。'"

◆ 顾公硕捐赠给苏州博物馆的沈寿绣《生肖条屏》四幅之《猪》《虎》。

《猪》。题字："豕称黑面郎，又名长喙将军。豕属水，在卦属坎。坎性趋下，豕俯首，喜低洼，故为水畜，《诗》曰：'有豕白蹢，烝涉波矣。'《礼》云：'豕曰刚鬣。'言：'豕肥则毛鬣刚大也。'古文亥字作豕，亥为干支，今人以岁在亥为属豕，殆以此欤。己亥秋日制此十二帧于天香阁，沈氏手记。"

《虎》。题字："汉刘昆为宏农太守，三年，仁风大行，虎皆负子渡河，帝问而异之，诏问，昆对曰：'偶然耳。'左右皆笑其质讷，帝叹曰：'此乃长者之言也。'命书诸策。"

◆ 江南一处古建筑内场景，进士府第，室内摆设的案台古朴、精美（顾公硕 摄影）

◆ 红木插屏，个大但稍显笨拙，应是清朝产物，两旁还有人帮忙扶着，可谓"立体拍摄"（顾公硕 摄影）

◆ 苏州园林里的古典家具（顾公硕 摄影）

◆ 古典家具红木榻及案台（顾公硕 摄影）

◆ 古典家具大方角柜，两侧有直棂，正面浮雕大花纹，有对称之美。下部两个浮雕图案似与桃花坞年画中的相同，应是"四时平安"这样一组含有琴棋书画的元素。如此柜有琴和画，又有岁（穗）岁平安、和（荷）和平安（顾公硕 摄影）

◆ 古典家具大木箱，箱子正面的漆画是花鸟，一对鸳鸯温情脉脉，水边的植物郁郁葱葱，不知是否象征着多子多福、生活美满，此箱子可能是嫁妆（顾公硕 摄影）

◆ 古典家具架子床（顾公硕 摄影）

◆ 古典家具椅子，这种拼合的椅子很少见，不知是否为后来工匠的创新之作，设计虽显笨拙，倒也古朴有趣（顾公硕 摄影）

◆ 古典家具交椅，软屉、雕花等很完整（顾公硕 摄影）

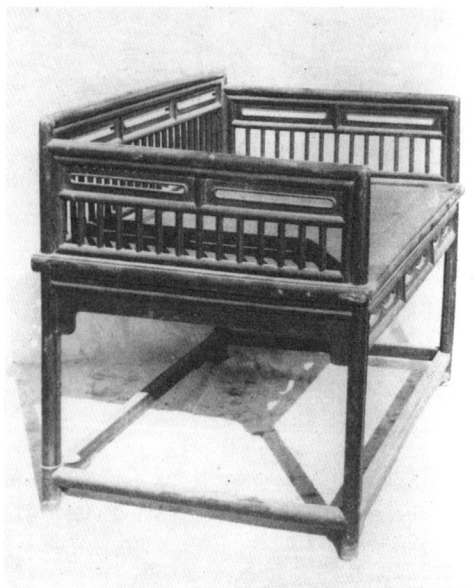

◆ 古典家具直棂玫瑰椅（顾公硕 摄影）

◆ 古典家具靠背玫瑰椅，造型类似江南园林的花窗
（顾公硕 摄影）

◆ 古典家具靠背玫瑰椅，造型简洁、秀气，软屉坐面已经损坏（顾公硕 摄影）

◆ 红木圈椅，靠背处已损坏，可见扶手不出头，与鹅脖相接，成为一体（顾公硕 摄影）

◆ 古典家具江南玫瑰椅，造型独特处在于是双人椅，古朴典雅，也不显得沉重（顾公硕 摄影）

◆ 古典家具靠背椅，扶手和靠背均为实木雕花挡板，造型小巧、别致（顾公硕 摄影）

◆ 古典家具红木嵌石屏宝座，整体雄浑肃穆，上部简明有力，下部雕刻则是细巧的花纹，不失雅致，足部卷草纹，看起来犹如犀利的鹰眼（顾公硕 摄影）

◆ 这一款古典家具尤其别致，且做工精致，看上去应该是儿童家具，在顾家孩子的照片中曾经出现过（顾公硕 摄影）

◆ 红木高扶手南官帽椅，靠背嵌两块大理石，并装饰卡子花，造型优雅、高贵（顾公硕 摄影）

◆ 小平头案，面板有转角设计，带隔层，四足的弧线优美，颇有韵致（顾公硕　摄影）

◆ 古典方桌，刻在抽屉处的诗句，其一是唐人李白的《宫中行乐词》，有"柳色黄金嫩，梨花白雪香。玉楼巢翡翠，金殿锁鸳鸯"等句；其二是宋人郑獬的《春尽》，有"禁御平明帐殿开，华芝初下未央来。人间彩凤仪韶曲，天上流霞满御杯"等句。但家具年代显然在晚明至清的样子（顾公硕　摄影）

◆ 这件古典家具像是矮老半桌，但因为加了一个可以仰卧的支撑，其作用就显得特别了，可是从其高度看又不像是直足榻（顾公硕 摄影）

◆ 这个类似酒桌的家具看上去普通寻常，配上背景却更具有记录价值，一男一女的穿着似乎带我们回到20世纪50年代的拍摄现场，阳光灿烂，日照物影，有盆景，有旧式自行车，充盈着一个时代淳朴的气息（顾公硕 摄影）

◆ 翻拍的明式高面盆架（顾公硕 摄影）

◆ 翻拍的明式衣架（顾公硕 摄影）

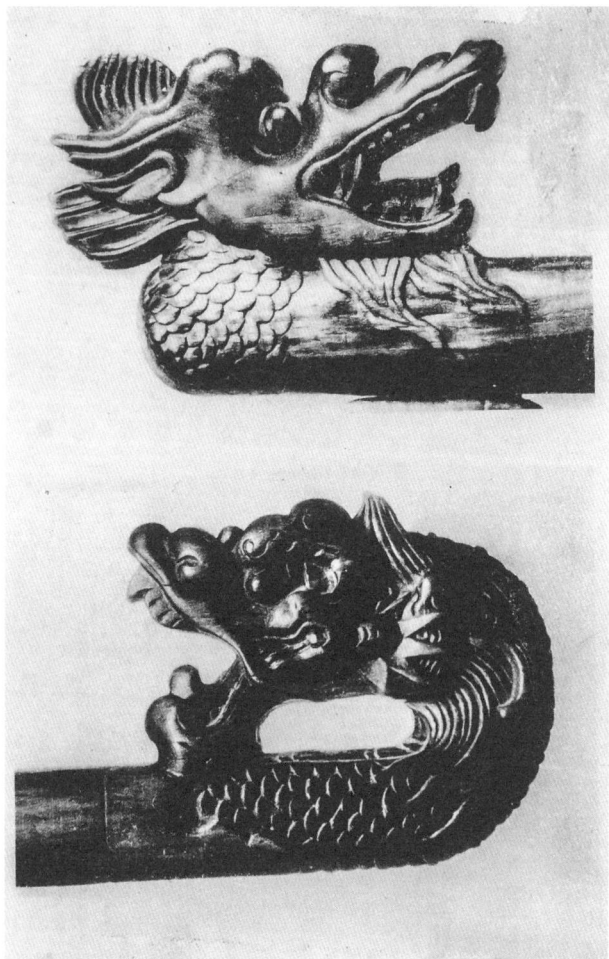

◆ 翻拍的明式衣架搭脑两端的雕刻（顾公硕 摄影）

166

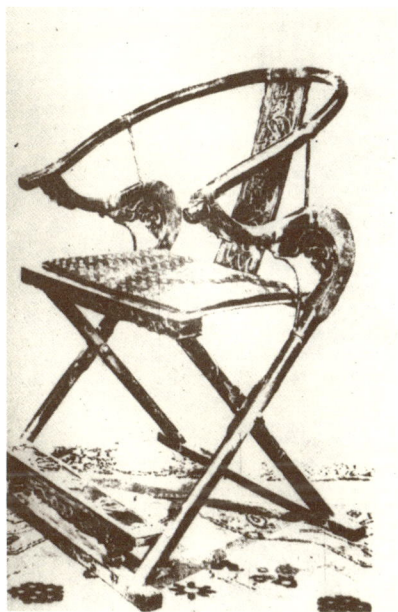

◆ 翻拍的日本出版物的资料，圆后背交椅，构件完整，造型古意（顾公硕 摄影）

◆ 翻拍的日本出版物的资料，中式的嵌青贝船人物中央桌（顾公硕 摄影）

二五五　俱利菱形手附四段重

◆ 翻拍的日本出版物的资料，漆器工艺的礼盒（顾公硕 摄影）

二〇二　莳代花菱莳绘火钵

◆ 翻拍的日本出版物的资料，有漆器工艺的火盆。莳绘是日本漆器工艺中的一种装饰技法，是在漆面描绘图案纹样后，莳上金粉、银粉、铜粉或干漆粉，在上面再髹涂数道漆，经研磨后显现出金银图样光彩夺目的华丽装饰技法（顾公硕 摄影）

168

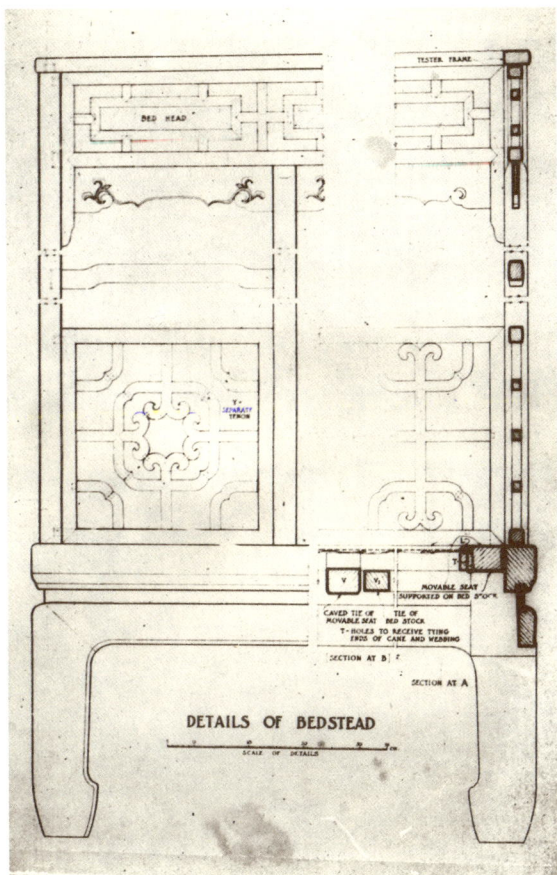

◆ 古典家具制作图纸，英文资料显示为1937年的英文出版物（顾公硕 摄影）

◆ 罗汉塑像（顾公硕 摄影）

◆ 精美佛像（顾公硕 摄影）

◆ 苏州古建筑里一处精美的石雕（顾公硕 摄影）

◆ 一块圣旨匾额"书带长春"（顾公硕 摄影）

◆ 雕刻精美、保存完整的门头砖雕（顾公硕 摄影）

◆ 工作中的石雕匠人（顾公硕 摄影）

◆ 砖雕门头，花纹繁复，精美绮丽（顾公硕 摄影）

◆ 精美砖雕作品，上面皆有故事、传说，栩栩如生
（顾公硕 摄影）

◆ 苏州东山木雕牌坊，上题"解元"二字

◆ 节义牌匾及古建筑木雕构件（顾公硕 摄影）

◆ 黄杨木雕作品（顾公硕 摄影）

◆ 精美木雕作品（顾公硕 摄影）

◆ 精美木雕作品（顾公硕 摄影）

◆ 一扇门神作品，威武的门神形象与门旁的小女孩形成了鲜明的对比（顾公硕摄影）

◆ 苏作鸟笼（顾公硕 摄影）　　　　◆ 一尊玉玺（顾公硕 摄影）

◆ 苏扇（顾公硕 摄影）

◆ 顾公硕（左二）与文化人士常常下乡寻访古物

◆ 1954年春节，顾公硕组织了"苏州市民间美术工艺品暨国画展览会"，此为苏州小摆设现场

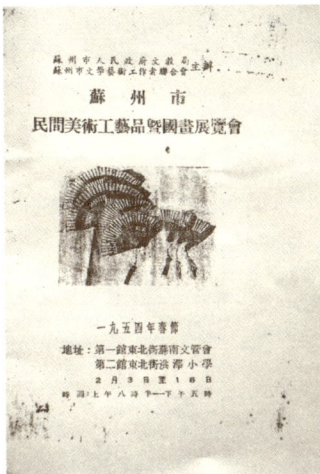

◆ 1954年春节，顾公硕组织了"苏州市民间美术工艺品暨国画展览会"，影响一时，此为会刊册页

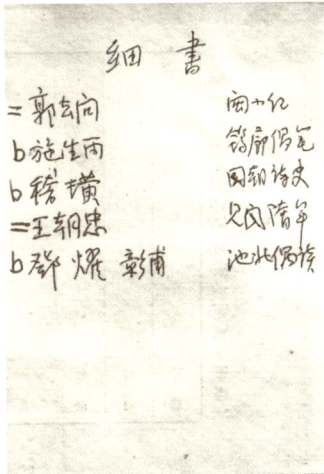

◆ 顾公硕的手稿，其中记录了细书的历史渊源

◆ 顾公硕曾致力于苏州桃花坞木刻年画的恢复，这是他主力创作的一组有关太平天国时期的年画作品

# "檀龛宝相"及虎丘记录

  顾公硕的老照片中有一个木刻神龛类的木雕，中间主相为观音，底有莲花石座；两旁上有舞蹈女子，姿态优美、自然。木雕雕刻精美，纹路细腻，看上去有所损坏，似从地下出土，顾公硕放在一块白纱上拍摄，可见珍视。

  而另一张照片上则拍了类似木板的东西，上面有字，经辨认为："弟子高细招舍净财造此函盛金字法华经，弟子孙仁遇舍金银并手工装，弟子孙仁朗舍手工镂花，辛酉岁建隆二年十二月十七日丙午入塔。"建隆为宋太祖赵匡胤年号，建隆二年为公元961年。经过查找史料证实，这是苏州虎丘云岩寺塔里发现的一宝——楠木经箱底外字迹。史料称发现年份为1956年，箱表外髹广漆，箱内藏《妙法莲花经》七卷，箱底外墨书以上文字。此箱历经千年方重见天日，可谓珍贵。

  那么上述佛龛是否与之有关？

  查询历史资料，虎丘塔在20世纪于50年代有过大修，当时塔身断裂，塔壁剥落，险情不断，为此政府实施了加固工程，工程从1956年7月开始，持续到1957年。这次抢救性保护修复，还发现了大量的珍贵文物，当时从塔中发现了舍利瓶、铜佛像、越窑青瓷莲花碗、石雕佛像、铜镜和墨色题字、檀龛宝相、丝绸残片以及苏州的刺绣残片，其中最为珍贵的当数国家一级文物——越窑青瓷莲花碗。而顾公硕所摄的木刻佛龛正是其中的"檀龛宝相"。

◆ 20世纪初的苏州虎丘塔

◆ 苏州虎丘后山旧影

为此，顾公硕还写了一篇《檀龛宝相——苏州虎丘塔中发现的文物》发表在《文物参考资料》（1957年第11期）上。全文如下：

苏州虎丘塔的加固工程，已近完成阶段。在施工中曾发现很多文物，其中一件叫做"檀龛宝相"的文物，值得特别加以介绍。

"檀龛宝相"是一种用圆柱形檀木精雕的小佛龛。它的制作，一般用一尺左右的圆柱形檀木，照丁字形纵剖为三块。半圆形的一块是主龛，雕主奉的佛象。其余两块带三角形的作为扉龛，一般是雕胁侍象。龛木边缘上下有小空，用绳联系，可以开合，开时是三连形的佛龛，折合时依然像一段圆柱形的枕木，因此日本人称这类佛龛为"枕本尊"。（本尊，即主奉的佛象。）

隋唐时代，佛教盛极一时。雕铸造象，成为专门行业。这种"檀龛宝相"既便于教徒宣教时的携带，又适宜于民居案头供奉，风行一时。但文献上记载不多，初唐大文豪卢照邻有过一篇《相乐夫人韦氏造檀龛宝相赞》。唐宪宗元和元年（八〇六）日本僧空海（七七四—八二五）即弘法大师，唐宣宗大中元年（八四七）日本僧圆仁（七九四—八六四），先后从中国归日本，在他们带回的宗教文物的目录中，都有关于"檀龛宝相"的记载。现存的日本高野山金刚寺一座，据说就是空海当时带回

184

◆ 鎏金镂花银质包边楠木经箱全貌，底部即顾公硕所摄模样（资料图片）

的。又普门院和严岛神社也藏有这类龛佛，大约也是同时代的作品。此外，在美国奈尔逊艺术博物馆据说也有。国内现在究有几座，则不得而知。又从唐太宗贞观时的《断卖佛象敕文》中也可以零碎地了解一些当时情况。他的敕文是这样的：

"敕旨：佛道形象，事极尊严。伎巧之家，多有铸造。供奉之人，竞来买赎。品藻工拙，揣量轻重。买者不计因果，止求贱得。卖者本希利润，惟在价高。罪黑殊深，福根俱尽，违犯经教，并宜禁约。自今以后，工匠皆不得预造佛道形象卖鬻。其现成之象，亦不得销除，各令分送寺观，令寺观众徒，酬其价值，仍仰所在州县官司检校，敕到后十日内使尽。"——见《广弘明集》卷卅五。

这里所谓"预造佛道形象卖鬻"，当然不会是大型的造像，分明是一种待价而沽的小型造像，而且也必然包括这种"檀龛宝相"在内。所用材料，不外金属与檀木之类，因为这些都是当时名贵的材料，所以以买卖时要"揣量轻重"。唐天宝二年（七四三），我国高僧鉴真（六八八—七六三）第一次预备东渡日本（后遇风雨未果）时，在他的随从的一百多位技术工人中就有专门"雕檀"的工人。这就说明自从印度输入檀像以后，我们的雕檀艺术就逐步发展成为独立门户的一种手工业，而这种"檀

◆ 1957年，苏州文管会在整修虎丘塔时，在塔的第一层和第二层中间，有高一米的空隙，中间放有一双长方形石匣，石匣内有一长方形楠木匣子。匣底的木柄上写着："弟子高细招舍净财造此函，盛金字《法华经》，弟子孙仁遇舍金银并手工装，弟子孙仁朗舍手工镂花，辛酉岁建隆二年（961）十二月十七日丙午"等字。经卷用白棉纸墨书写。由于日久腐酥，已粘在一起，无法全部展开。经专家鉴定，这些文物是五代末年北宋初年的东西

龛宝相"体积小、用材省、出路广，当时生产是轻而易举的。但其质量必然不会一律，像相乐夫人韦氏造"檀龛宝相"，特请大文豪作赞，原雕当然不是等闲之作。在另一方面，也必然有不少粗制滥造的作品，为此敕文中有"品藻工拙"的说法。

专制皇朝的宗教与政治是有密切关系的。为了统一思想，统一信仰，往往提倡宗教，甚至对教徒许以特权。例如隋唐时的僧尼有免役和不负担租税等特权。于是人民就竭蹶而趋，形成了一种特殊的庞大势力。这种势力的发展，往往进而影响了统治阶级的兵役和税收，甚至别有企图，统治阶级就不得不实行灭法。我国历史上就有过好几次的灭法行动，但不久又来一次兴复运动，在这样的反复兴废中，宗教艺术遭受严重的破坏。小型造像如"檀龛宝相"之类，易于收藏。因此这一类小型龛佛，在提倡宗教时也受欢迎，在实行灭法时期更受欢迎。根据上述这些不成熟的意见，应该说"檀龛宝相"在唐代是一种很普遍流行的东西，但由于木雕材料的不易保存，传世就不多了。

现在苏州发现的一座"檀龛宝相"是很小的。它的主龛连座子，高不过十九公分半。木质已略有枯朽，有些地方已模糊不清。当时可能加彩，因年久退色，然尚有描金部分隐约可见。它的主龛雕观音立像一尊，足踏莲花，下横一藕。藕的左右分发荷叶莲蓬，莲蓬上蹲着一个善财，笑捧莲花一朵。另一面的龙女却不见了。这样的布局，是历来造像所仅见，足见作者的巧思。它的左右两扉，各雕"飞天"、"胁侍"，妙在姿态面貌，各有表情，无一类同。面积虽小，而眉目清楚（像善才的头部，仅有绿豆大小）。作者虽没有留上姓名，然必出当时名手无疑。关于虎丘塔的建造时期，由于这次文物的发现，已有定论。（五代末始工，宋建隆二年完成。）那末此龛的制作时期，自然至迟也是宋初的作品，但从佛像的宝冠形式而论，还可能推前到晚唐时期，这有待于雕塑家的考定了。

苏州市的雕塑工艺，向来发达。无论锤鍱、夹纻、金、石、

◆ 1957年，苏州虎丘塔出土的"檀龛宝相"

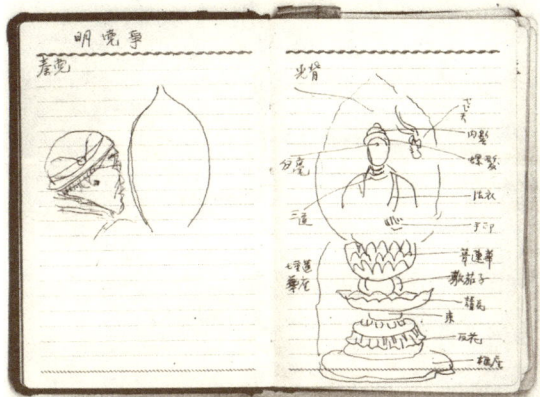

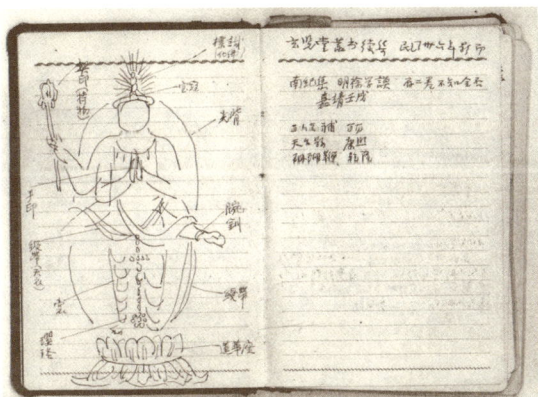

◆ 顾公硕手绘的"檀龛宝相"造型图和具体结构名称

砖、陶、泥塑、木雕等像，应有尽有。这一次的发现，在苏州雕塑艺术史上，可谓添上了光辉的一页，是值得庆贺的一件大事。[1]

而与这幅照片对应的还有一幅，看上去像是石雕，佛像，开相一派温和，面容滋润，雕风古法，有所损坏，旁有一行反字："李太彩为自身造佛一躯"，后经专家确认同为虎丘出土宝物。

在顾公硕拍摄的大量照片中，建筑类占了不少比例，有苏州园林、扬州园林、北京园林、民居、庙宇等等。他总是以一种紧迫感的心态来记录这些古建筑，无意中留下了一些珍贵资料。陈从周记得，

[1] 转引自苏州地区文化局、苏州市文物管理委员会、苏州博物馆编：《苏州文物资料选编》，第118—119页。

◆ 苏州支硎山佛幢

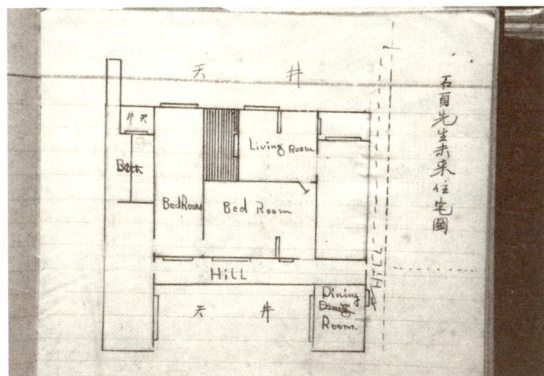

◆ 关于住宅的设计图和论述，应为顾公硕少时手稿

新中国成立后不久，他回到苏州，顾公硕设宴招待他，当时还邀请了建筑大师贝聿铭的叔祖贝晋眉先生，席间还自演了昆曲助兴。"而最难忘的，是顾先生方才从洞庭东山归，他拿出一张杨湾轩辕宫的照片，我一看，惊喜交集。初步鉴定可能是元代建筑。不久我上了杨湾，果然不错。我写下了鉴定报告，刊登在《文物》月刊，后作为全省重点文物保护单位直到今天。自此东山景物又添一色。顾先生是苏州望族，怡园是他曾祖子山先生所建，他知道苏州的掌故、旧事很多。我当时在兼苏南工专建筑系的课，每周到苏州来，星期六的晚上，就是我们畅谈之夕，我的那本《苏州旧住宅》的书就是在他指引下调查研究所得的成果。这书今日已成为研究苏州旧住宅与小庭院的珍贵实录了。"

顾公硕的曾祖顾文彬与祖父顾承联手修建怡园和过云楼，当时请的设计师之一就是晚清画坛"三任"之任阜长，后来"三任"之任立凡还曾寓居怡园多日。查顾公硕手稿资料，发现他专门考证过任阜长在苏州的住处，对家族建筑渊源的追溯自然不会少，但我在粗略浏览顾公硕留下的手稿本时，意外发现了一些有关建筑的记录。其中有专门设计的"石页先生未来住宅图"，还写了一些关于住宅常识的话（不知是否顾公硕所写）：

中国的衣，法国的食，美国的住，这是早经世人公认的了，

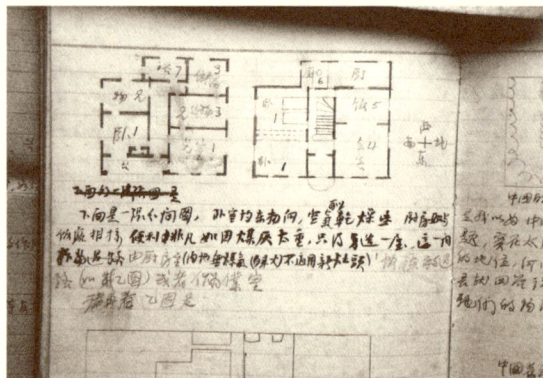

◆ 石页先生未来住宅图，石页即硕，应为顾公硕少时手稿

但是我以为中国的食，也是占极前的地位，只有住的问题，实在太后了。有反对者或许说："中国的住既是最后的地位吗，何以美国最新的建筑物，都用中国式呢？"吾就回答说："美国所喜欢的是中国的一种堂皇的外表，他们的内面恐怕不会用画栋雕梁吧？"

中国旧式住宅但知高大而毫无实用，尤其不注意的是卫生……既不知干燥，房子那一种阴沉之气与地穴一样幽暗的地方，藏垢纳污……

厨房之重要，沟渠不通，不见日光的卧室是疾病之根。体置妥帖可以减少困难而尽了家务外尚有充分的时间，并清洁。住宅不一定要雍容华贵的，主要的条件是住宅的精神，空气。

宅中人是有互助的精神，和好与欢乐的空气，就是竹篱茅舍，也不减其乐呢。

住宅中精神和空气虽事在人为，然一探其实，简直是住宅的形质所可以左右变易的。换言之，即住宅之形质与宅中人的互助和好欢乐有密切的关系。

很多旧式住宅，不注意到阳光，有种人家的卧室，没有阳光照到，即使有，时间也是极短的，并且照不到卧榻，东方病夫的美名，恐怕就出产在这种地方吧。

住宅必备之部分：浴室、厕所、厨房、杂作间、储藏室、书房、客房、会客室、餐厅、晒场、小圃。

192

此文着重提出住宅要考虑阳光和通风的需要，以及考虑到做家务的女性需求，减轻她们的负担和麻烦，从健康和住宅精神方面做了简单的阐述，在当时来看还是很超前的，尤其是姑苏城里一片旧住宅的时代。文章最后引述白居易的一首《履道居》：

莫嫌地窄林亭小，莫厌贫家活计微。

大有高门锁宽宅，主人到老不曾归。

查询写作日期为1916年，顾公硕应为12岁，且在日记中有"可哥"之称，可哥即顾公可，从字迹看，硬笔书法，尚显稚拙，想必是顾公硕所写无疑。

1953年12月，顾公硕率族人将私家花园怡园及顾氏祠堂一并捐献给国家。相信他是对那些建筑怀着深厚感情的，但从他的日记中又可见他的思想进步，用的词语也是与时俱进的，只是那些让人觉得新鲜和亢奋的词语，始终没能打通他最后的心结。他走了，怡园和过云楼还在，这些建筑的历史记事本上，将永远地记录着他的名字。

（附）苏州市民间艺术和传统玩具

　　1953年11月29日，顾公硕曾整理出一份详细的名单，即苏州市民间艺术（美术部分）草目，并附有一份传统玩具的目录，弥足珍贵：

　　1. 凿纸花　2. 着全？　3. 戏衣　4. 苏绣　5. 刻丝　6. 织锦　7. 纸花　8. 绒花　9. 漳绒　10. 结绳排须　11. 剪花样　12. 花边手套　13. 堆绢　14. 印花布　15. 画白粉　16. 高丽纱　17. 围合　18. 麦柴制品　19. 花烛　20 扎珠花　21. 纸扎　22. 桃花坞木刻　23. 雕花作　24. 砖刻　25. 刻碑帖　26. 石作　27. 刻竹　28. 治印　29. 琢砚　30. 琢玉　31. 仿古铜器　32. 银细工　33. 波罗漆　34. 漆器　35. 红木细工　36. 塑佛像　37. 木雕佛像　38. 雕果核　39. 精白铜器　40. 锡器　41. 治琴　42. 今虞琴弦　43. 乐器　44. 嵌漆　45. 诗笺　46. 彩笺　47. 扇骨　48. 扇面　49. 纨扇　50. 装璜　51. 刻书板　52. 牙刻　53. 三清殿与大墙门的画　54. 装旧书　55. 风筝　56. 鸟笼　57. 夹纱灯　58. 窝嵌与锦盒　59. 拓吉金　60. 裱碑帖　61. 角刻　62. 骨器　63. 蟋蟀盆　64. 铁画及铁兰花　65. 漏窗　66. 花丽？　67. 龙吻＝鸱尾　68. 天将＝脊饰　69. 堆假山　70. 捏像　71. 治玛瑙　72. 治琥珀　73. 押葫芦

（附玩具）

　　1. 粉人　2. 糖人　3. 铅丝圈　4. 江北玩具（葑门外）　5. 泥玩具（阎氏弟兄）　6. 小动物（程鹤龄，仓街3号）　7. 木狗木偶（东中市一九六号）　8. 小家具（东中市一老者）　9. 红木船（杨顺兴）　10. 木玩具（木渎）　11. 火漆人　12. 料器　13. 假面具　14. 木刀枪　15. 刻棋子

◆ 泥塑（顾公硕 摄影）

◆ 应为印花布模版制作（顾公硕 摄影）

◆ 玉雕（顾公硕 摄影）

◆ 嵌螺钿漆盒（顾公硕 摄影）

◆ 青铜器（顾公硕 摄影）

◆ 铜器（顾公硕 摄影）

◆ 人物木雕局部（顾公硕 摄影）

◆ 堂名担，上书"鸳鸯福禄"（顾公硕 摄影）

第四辑　丹青过眼，并不如烟

# 过云楼书画旧影

在顾公硕的摄影作品中，过云楼藏书画当属一大亮点。这些作品有的被捐献给博物馆，有的在"文革"中消失，还有的下落不明。顾公硕当初翻拍这些作品，可能有两种想法，一是留个资料，以备印刷使用；二是尝试翻拍技术。不管如何，他都留下了珍贵的资料，也可以从中看出顾公硕本人对书画艺术的热衷，可惜的是，他本人的书画留下来的极少，这其中有一些特别原因。

顾家对书画的倾心，可以追溯到顾公硕的高祖顾大澜，其人虽为商人，但热心收藏，影响了儿子顾文彬。

顾文彬著有《过云楼书画记》，自叙首句为："书画之于人，子瞻氏目为烟云过眼者也。余既韪其论，以名藏秘之楼，则罗而储焉，记而存焉，适然之遇已耳，殆无容心。"苏东坡字子瞻，东坡有《宝绘堂记》："见可喜者，虽时复蓄之，然为人取去，亦不复惜也。譬之烟云之过眼，百鸟之感耳，岂不欣然接之，然去而不复念也。"此为过眼云烟之典。顾文彬一生崇敬苏东坡，集其诗句，收藏其用琴，还特地建造了一间坡仙琴馆。顾文彬以此命名过云楼，自有其良苦用心："今此过云楼之藏，前有以娱吾亲，后有以益吾世世子孙之学。"为了妥善保护这些珍品，顾文彬还制定了庋藏法则：

书画乃昔贤精神所寄，凡有十四忌，庋藏家亟应知之：霾天

◆ 冯桂芬题写的"过云楼",是过云楼匾额的重要标志。冯桂芬,吴县(今江苏苏州)人,曾师从林则徐,道光二十年(1840)进士,授编修;咸丰初,在籍办团练;同治初,入李鸿章幕府。冯桂芬作为改良主义之先驱人物,最早表达了洋务运动"中体西用"的指导思想,著有《校邠庐抗议》。冯桂芬与顾文彬交谊多年,感情深厚,冯桂芬去世后,顾文彬曾撰联表达哀痛。此题书当写于同治年间,其中提到顾文彬命名过云楼是取意宋代周密的"烟云过眼"

一,秽地二,灯下三,酒边四,映暮五,强借六,拙工印七,凡手题八,徇名遗实九,重画轻书十,改装因失旧观十一,耽异误珍赝品十二,习惯钻营之市侩十三,妄摘瑕病之恶宾十四。

顾文彬还常常致信三子顾承,督其以书画艺术培育后人,言传有序,不可懈怠。到了顾文彬孙辈顾鹤逸还在继承其志。顾鹤逸有《过云楼续书画记》,自叙中言:"东邻之子好礼,西邻之子好武,询其由然,家藏互异:一多清庙之遗,一多兵库之选。前人之藏也无心,而后之人无心焉好之,所谓'种瓜得瓜,种豆得豆',熏习濡染有不期然而然者。"顾鹤逸本身即为丹青名家,还影响了一批名家,如吴昌硕、金心兰、陆廉夫等。

父辈教诲谆谆,顾公硕岂有不知之理?顾公硕曾在上海图书馆找到曾祖顾文彬的一册日记,请人代抄一份存档,日记中不乏对书画的精论。其本人亦曾有长文《题跋古今》,洋洋万言,详述古今题跋渊源和意趣,有典故,有常识,也有个人论点。例如他在《他人之题》小节中论及:"至于那些所谓'收藏家'的题跋,或者请人加题的风气,自宋以后就逐渐发展。比较以卷册为多,往往一幅画而题上几十家,文体也没有限制,诗词歌赋、长论短文,无一不可。内容以捧场文字居多,特别是对作者的评论、对收藏者的风雅的恭维,往往言过其实,其真有价值的,如考订作品来历、批评真伪等,但这种文字是

204

比较少的。"

说园名家陈从周曾给顾家人做过媒，陈夫人的侄女嫁给了顾公硕的长子，由此他与顾公硕同辈论。亲事成功后，顾公硕以礼答谢，还画了一张仕女扇面送给陈从周，可惜后来不见了。陈从周撰文言："顾先生承家学，写得一手好字，画得一手好画，但他从不以此炫人，总是说：'我勿来事格'，表现得非常谦虚。书画鉴赏是他的独步。"

版本学家谢国桢曾多次去苏州访过云楼藏书，他对顾公硕印象深刻。在顾去世十多年后，他重游苏州，在古书肆中，"获有朱鹤龄注《李义山诗集》广州翻刻朱墨套印本，本为习见之书，然每卷之首，均有顾公硕所画的玉溪生诗意图，朴素淡雅，景色幽远，足以赏心悦目，极为叴珍"。可见顾公硕画作应该不少。

顾公硕的日记中曾有这样的一条记录，此处原文照抄：

乏具登山唤奈何，当年鸿雪费揣摩。

休论此画非真实，自古云岚变幻多。

色盲患者辄不自知，余其一也，后经医生道破，遂破画缘，屈指已近廿年，今后文联画家有黄山写生之举，归述风景之美，

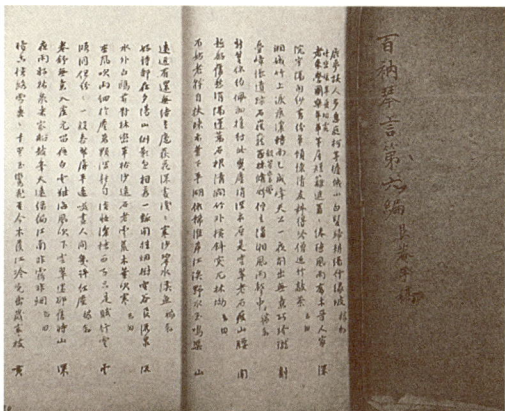

◆ 顾文彬著作《百纳琴言》手稿本

◆ 苏州怡园内的顾文彬题额：岁寒草庐

不胜向往，回忆归游，不免技痒，乃构图，未意忽。

1956年

顾氏后人介绍，知道自己色盲后，顾公硕先生依旧作画。国画以水墨为重，色盲症对其作画并无影响，偶须设色，则有其夫人张娴为之调色。

甲午马年，为制作纪念顾公硕110周年诞辰挂历，组织方找到了顾公硕画的一幅马，颜色鲜亮，有宋元画风，落款为"壬午春仲吴门顾公硕绘"。据说这是顾公硕仿早期画家的作品，颇为珍贵，即作为挂历封面印发，不少人误以为是古画。查壬午年应为1942年，那年正是马年，杨无恙题跋如下：

宋元画马人所知，赵沤波与李伯时。顾厨自有真粉本，穆王八骏供驱驰。珠探颔下薄皮相，画肉画骨天闲师。君图一马一厮养，江都神妙言非私。须眉胡羯带膻气，玉花拥雪光凝脂。渥洼浴起风卷足，春冰方泮长流澌。平生癖爱等王溶，障泥蜀锦青芜滋。道人方外喻神骏，龙吟骧首飞黄姿。鞍鞯不设饱菽豆，疆场战鼓轻文骊。腾槽伏枥志千里，落日红照五丈旂。愿重史绩图石马，星精流汗天兵骑。助平寇虏论功赏，络头再用黄金施。

壬午十月之望，常熟杨无恙题于铁琴铜剑楼，瞿君旭初同作

　　有一次过云楼文化研究会会员去拜访画家贺野先生，贺野先生出示了一幅《绿遍池塘草》，落款正是顾公硕。画为印刷品，查源头方知此画与吴湖帆有关。吴家早与顾家为世交，吴湖帆祖父吴大澂为怡园画社首任社长。怡园画社名家荟萃，一时盛况空前。到了吴湖帆一代，吴、顾仍很交好，顾鹤逸夫人潘志玉之从妹为吴湖帆夫人潘静淑。1939年，潘静淑因病早逝，吴湖帆悲痛欲绝，遂以潘静淑作《绿草词》为由，以"绿遍池塘草"句为题，广征图咏，其中有冯超然、冒鹤亭、刘海粟、溥心畬、张大千、叶恭绰、沈尹默、陆抑非等名家作品，后辑100多幅印刷成册，顾公硕之作品亦在其中。顾公硕所绘图为一位古代仕女，漫步在清清池塘边，池畔绿草郁郁葱葱，似有微风袭来，仕女只见美丽背影，留下未知的面容供观赏者去想象。落款处称潘静淑为"姨"，称吴湖帆为"姨丈"。

　　1930年，怡园画社灵魂人物顾鹤逸病逝，为纪念先人，顾彦平（顾鹤逸侄子）重组了怡园画社，时称小怡园画社，参与者即有顾公硕，还聘请吴湖帆为名誉会员。

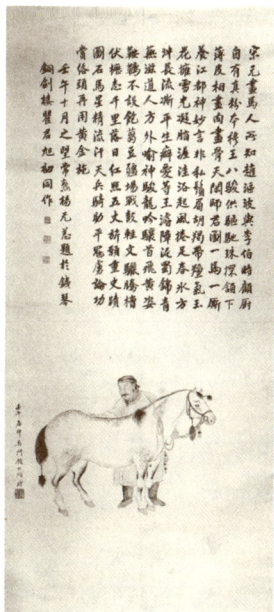

◆ 顾公硕画作《马》，杨无恙题跋。此壬午年当为1942年。过云楼工作室曾将这幅图作为封面制作甲午年挂历赠人

◆ 顾公硕创作的书画理论《题跋古今》早期油印本

听顾家人说，顾公硕平时在家也作画的，但大多是练笔，完整的作品不多，书法作品更少，幸亏还有他留下来的不少毛笔书写手稿，也算其书法一种。顾氏后人顾建新倒是意外地在市场上购得一件顾公硕的书法，那是顾公硕手书的朱德诗句，用笔温润，一派儒雅，但也不失气势和刚烈，用阿英女儿钱璎女士的话说，顾老伯其实是心向革命的。

顾公硕拍摄家藏书画，亦很用心。他在拍摄时，先把书画固定在长桌上，长桌上铺设有几层报纸，然后用图钉卡在书画装裱的边缘，这样既不伤害书画本身，又能起到很好的固定作用。翻拍的书画有明人沈周、唐寅、文徵明等名家作品，有清时"四王"的作品，还有顾文彬、顾鹤逸等人的作品；有卷轴，有扇面，有局部，有全景。从照片上所见铺设的报纸内容看，有20世纪二三十年代拍摄的，也有新中国成立初期拍摄的。这种翻拍资料是一种宝贵遗存，更是一段无意的历史记录。

顾公硕一直延续家传，希望以家传书画起到共享、美育的作用。1937年，在苏州最大规模的艺术展览吴中文献展览会上，就出现了顾公硕与兄长顾公雄展示的家藏"文衡山《落花诗卷》""沈石田《虎丘纪游图卷》""真率会图卷"以及古籍收藏等，让观赏者颇开了一次眼界。抗战时期，顾家所在朱家园大厅被日军空投轰炸，宅院又遭日军大搜劫，顾公硕与家人连夜逃难到苏州郊区横泾，再到光福，后又往上海避难，历经种种劫难，书画珍品得以保全。新中国成立后，顾公硕曾负责苏州博物馆的筹备工作，他带头捐赠书画，将家藏王蒙《竹石图》、文徵明《五月江深图》、唐寅《漫兴》诗轴、董其昌《楷书晁文公语》轴等捐赠给了藏品匮乏的苏州博物馆。

回到顾公硕的《题跋古今》，在举例子时，他提到了元初的高克恭：

> 例如元初高克恭的《夜山图》，因为作者位居高官，时人题者二十八家，不是说他德行好，就是赞他艺术高，这是属于评论作者的一种。又如高克恭的另一件作品《山村隐居图》，是为仇元画他的隐居之图，题者五人，又在"高隐"二字上大做文章，这是恭维收藏者的一种。这种风气一直到解放前夕为止，真是每况愈下到不堪问闻的地步。

> 当元初之顷，由于异族统治了中国，高蹈的隐居者特别多，所以像《山村隐居图》一类的作品也不少。那些怯于斗争、"优游自适"之徒，就请人画他的隐居之景，又请友好、名家题咏，形成一种自鸣风雅的风气……

顾公硕身体柔弱，被人称为"小娇寡"，他外形看起来斯斯文文，浑身上下没有一丝棱角，但就是这样的"柔弱"，让他在遇到真正的"槛"时，不会有一丁点的妥协。

◆ 顾文彬书法："一枝粗稳，三径初成；商略遗编，且题醉墨。过云楼者，余收藏书画之所也，蓄意欲搆此楼十余年矣，尘事牵率，卒卒未果。乙亥夏余移疾归里，楼适落成，乃集辛幼安词句题之，时方有书画录之辑，故次联云尔。"

顾文彬书写此联的时间应为光绪元年（1875），由此可证过云楼成立之日，以及顾文彬编著《过云楼书画记》的开始。书法作品由顾氏后人提供，现已捐献给政府

王耕烟山庄乐志图偶一
鹤山祺翠意为孔荫七千
生朝先生写以持赠者极盖
雄伟萦荃之妙心妻事立不
觉瞪于其後　顾公硕

◆ 顾公硕画作，仿王翚《山庄乐志图》。王翚，今江苏常熟人，字石谷，号耕烟散人，过云楼藏有其多幅作品。王翚原作款识为："康熙岁次丁丑中秋，恭祝历翁太老先生八十荣寿。海虞耕烟散人王翚。"此幅作品可见顾公硕功底

◆ 顾公硕画作《绿遍池塘草》。此幅图为吴湖帆夫人潘静淑所作。顾公硕称吴湖帆为姨丈，因顾鹤逸夫人也出自潘家。潘静淑去世后，吴湖帆遍邀名家作图纪念，最后汇总出版

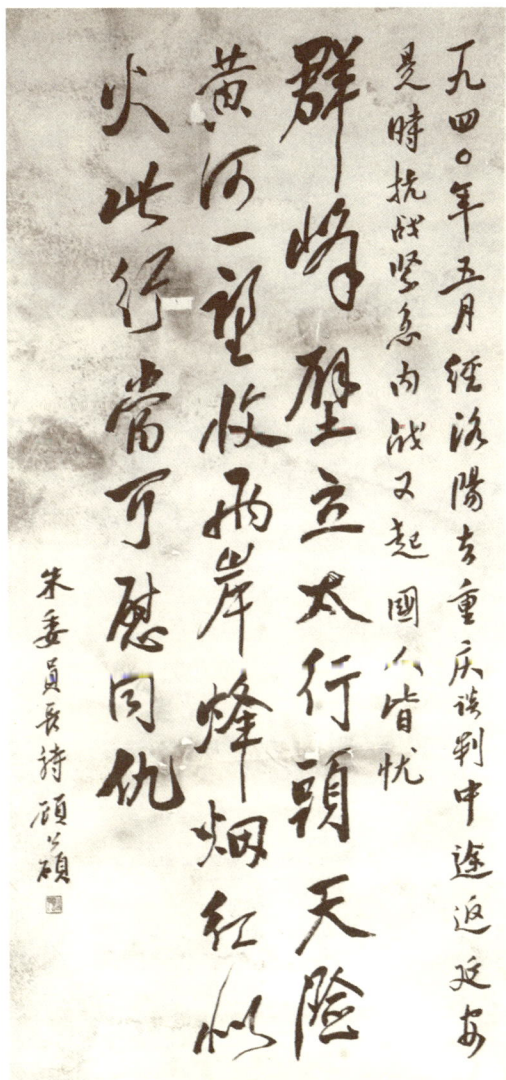

◆　顾公硕书法作品，题字为朱德所作《出太行》："（一九四〇年五月，经洛阳去重庆谈判，中途返延安，是时抗战紧急，内战又起，国人皆忧。）群峰壁立太行头，天险黄河一望收。两岸烽烟红似火，此行当可慰同仇。"从这幅作品可知顾公硕心有所向，进步人士说他对延安是抱有希望的

◆ "南宋四大家"之一刘松年画作,似是《蓬莱仙居图》。顾文彬有记:"此卷写青林翠峤,俯临弱水,水中起瑶台再成,杰阁耸峙,长廊周遭,与隔水亭相望,平陂向尽,架白玉桥,桥左奇峰,郁郁葱葱,时于琪花琼树间,仰见宝殿双鸱,玉窗六扇,出没云气之中……诸仙或行、或立、或偶语、或倚栏、或抱琴侍,鹤俯而啄,鹿跂而行。……今纸角有'玉雪坡收藏印',骑缝处有顾氏半印可证。"另有"松年"、"樵李"(元代画家李衎)、"吴云平斋过眼金石文字书画印"(清代书画家、藏书家吴云印款)、"西蠡审定"(清代书法家、藏书家费念慈印款)等印章(顾公硕 摄影)

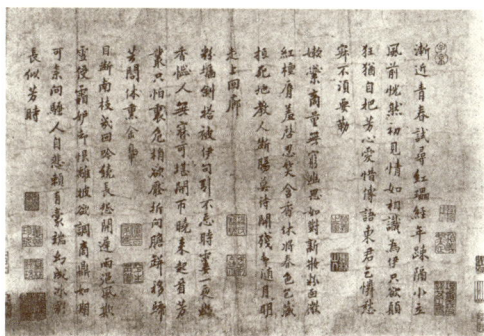

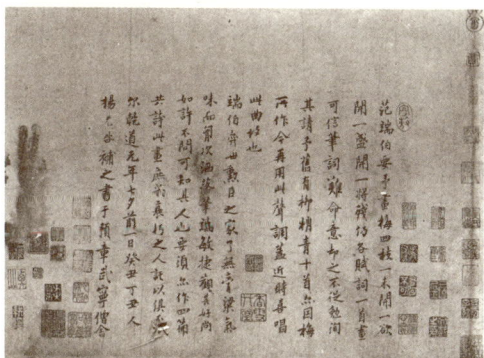

◆ 南宋画家、词人扬无咎《四清图》题跋之《柳梢青》：

　　渐近青春，试寻红瑞，纽牛疏隔。小立风前，恍然初见，情如相识。为伊只欲颠狂，犹自把、芳心爱惜。传语东君，乞怜愁寂，不须要勒。

　　嫩蕊商量，无穷幽思，如对新妆。粉面微红，檀唇羞启，忍笑含香。休将春色包藏。抵死地、教人断肠。莫待开残，却随明月，走上回廊。

　　粉墙斜搭，被伊勾引，不忘时霎。一夜幽香，恼人无寐，可堪开币。晓来起看芳丛，只怕里、危梢欲压。折向胆瓶，移归芸阁，休熏金鸭。

　　目断南枝。几回吟绕，长怨开迟。雨泡风欺，雪侵霜妒，却恨离披。欲调商鼎如期。可奈向、骚人自悲。赖有毫端，幻成冰彩，长似芳时。

　　扬无咎（1097—1171），字补之，号逃禅老人，南宋词人，诗、书、画兼长，墨梅艺术在画史上影响尤其深远。顾文彬曾藏其《四清图》，有记："卷尾潘西圃编修家藏物，常以'四梅花'名其阁，近岁始归于余。据补之自题云：'范端伯要予画梅花四枝：一未开、一欲开、一盛开、一将残，仍各赋词一首。'又云：'予旧有《柳梢青》十首，亦因梅所作，今再用此声调，盖近时喜唱此曲故也。'"此图中可见项墨林、沈周、文徵明钤印（顾公硕　摄影）

◆ 过云楼旧藏《七君子图》题跋，现藏于苏州博物馆。《七君子图》是藏家把元朝六位画家的墨竹图逐一收裱在同一长卷中，其中收有柯九思的两件作品，一共七件，故而得名

远上青山十万重丹崖翠壑杳难通松风送瀑来天际花气和云出洞中渔艇几时来到此秦人何处空相逢春光易老花易落流水年年空向东 黄鹤山樵王蒙为原东贤昆题诗於上

◆ "元四家"之一王蒙《丹崖翠壑图》，有自题诗："远上青山千万重，丹崖翠壑杳难通。松风送瀑来天际，花气和云出洞中。渔艇几时来到此，秦人何处相逢。春光易老花易落，流水年年空向东。"有"顾子山秘箧印"，可见顾文彬视为珍品。顾文彬书画记中记为《黄鹤山樵停琴绿阴轴》，并以此图抒发自己的愿望："冀他日遂吾初服，于支硎邓尉间，营屋数椽，春朝秋夕，月白风清，携东坡琴，抚弦鼓庐山玉涧道人《醉翁操》一曲，苍翠簌簌落衣袖，便是图中人，予愿毕矣。书此以党息壤。"（顾公硕 摄影）

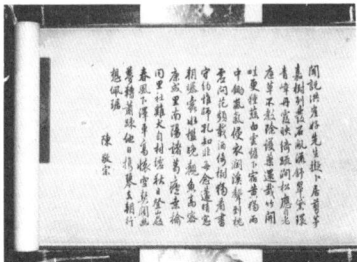

◆ 明代陈宗渊《洪崖山房图》，原画卷纵27.1厘米，横106.2厘米，现藏北京故宫博物院。顾公硕所摄《洪崖山房图》全画共用19张照片，仅卷首"洪崖山房"便拍摄了2张照片。此处仅选其中4张。照片中可见顾公硕拍摄时所写标记及压画用小工具等。

陈宗渊（1370—？），名濬，斋号"进修"，天台人。永乐初本为翰林五墨匠，临摹逼真。善山水，师王绂。历事三朝，以刑部主事致仕。此图卷中有顾文彬集辛稼轩句作题，时为癸酉年夏，即同治十二年（1873）。顾文彬又有记："卷作山水清旷，一老翁搘杖行小桥，奚奴抱琴随其后，山下松栝石楠之属，荫日蔽亏，隐隐见墙垣出万竹中，屋宇参差，轩窗明净，一人方执卷读鸾岗鹤岭间，风趣可想。不署款识，只钤'陈氏宗渊''洪崖翰墨'二印。……卷首陈登篆'洪崖山房'四字。图后有若思自记，及梁潜《洪崖山房诗序》。建安杨荣、安成李时勉、临川王英、泰和王直、陈敬宗等题诗。"

据悉，此画作者是应胡俨之请而作。胡俨为明初著名阁臣，曾在家乡南昌西山洪崖筑室，铭之"洪崖山房"。据后幅胡俨《洪崖山房记》中所云："西山在章水西，洪崖又在西山之西，峰峦秀拔，林壑深窅，岚光染色……岩岫四出，云霞卷舒，幽泉怪石流峙涧谷，丹碧照耀，树林阴森，奇伟夐绝。"

胡俨另有《题洪崖山房图诗》页，款署"永乐十四年春正月颐庵重题"。钤"胡若思""三乐居士""琴清轩""颐庵图书"印。鉴藏印有"安仪鉴赏""伍元蕙俪荃甫评书读画之印""顾崧之印""张珩私印"等共计8方。胡俨行书七律三首，系为《洪崖山房图》而题：

忆着洪崖三十年，青青山色故依然。当时洞口逢张氲，何处人间有傅颠。阴瀑倚风寒作雨，晴岚飞翠暖生烟。陈郎胸次如摩诘，丘壑能令画里传。

忆着洪崖三十年，梦中林壑思悠然。天边拔宅神游远，树杪骑驴笑欲颠。风动鹤惊苍竹露，月明猿啸绿萝烟。觉来枕上情如渴，此意难将与俗传。

忆着洪崖三十年，几回南望兴飘然。展图每觉云生席，握发还惊雪上颠。梦入碧溪喧素月，手攀丹壁出苍烟。求田问舍非吾事，欲托诗书使后传。

（顾公硕 摄影）

◆ "明四家"之一文徵明《惠山茶会图》。此图顾文彬有记："卷首蔡九逵楷书《惠山茶会序》称：'正德十三年二月十九，是日清明，衡山偕九逵、履约、履吉、潘和甫、汤子重及其徒子朋游惠山，举王氏毛鼎立二泉下，七人者环亭坐，注泉于鼎，三沸而三啜之。'今图作半山碧松之阴，两人倚石对谈，一童子执军持而下，茅亭中二人倚井栏坐，就支茶灶，几上列铜鼎石铫之属，有二童篝火候沸，旁一人拱立以待，正龙吻玉溅羊肠车转时也。被服古雅，景色妍丽，酷似松雪翁手笔，当为吾楼文卷第一。后装九逵、子重、履吉精楷书纪游诗各数首，惟衡山无诗。余按《莆田集》有《煎茶赠履约》云：'嫩汤自候鱼生眼，新茗还夸翠展旗。谷雨江南佳节近，惠泉山下小船归。山人纱帽笼头处，禅榻风花绕鬓飞。酒客不通尘梦醒，卧看春日下松扉。'移题此画，觉有九龙峰下，松风茶烟，飘堕襟袖矣。"此处四张照片为该图卷局部特写（顾公硕 摄影）

上此明廿辞

憑弋树之為氣也前恩子竹木
植落而愛氣憤怵不能征速行
登山臨水子送将聯沈寒子無濡
而氣清蔣虎子收遠而怕恨悟
凄树歓子薄秦之中心惜视情恓
平未歓而宪新收惟子育土枚敵
而志不平廉浩子宮士氏兮
生倜悵子而私自诀英聯菲而無友
脚孑蜂蹋雝明帐而處冏衡些而
而逵子鷃雝而處鷃菲些
南还子羁鷂而處瀺雝些而
而不蒙子衰德悄子之閣语些些
槐日適夏天景初而血或德芷世
槐日適五氏小樓同履約
兄弟诵宋宝杂泉并

微明 [印] [印]

◆ "明四家"之一文徵明《落木寒泉图轴》。顾文彬有记："墨笔写坡，二古木萧槮，小树丛杂，其下泉流动荡，波光明灭，落叶三五，漂浮水面。……上方精楷十五行，行二十三字，其末云：'正德丙子秋，过王氏小楼，同履约兄弟诵宋玉《九辩》之一章，因写落木寒泉，并书此辞。'……丙子为武宗十一年，时先生四十七岁，盛年笔也。"（顾公硕 摄影）

220

◆ "明四家"之一文徵明《兰竹图》局部，原图纵26.8厘米，横730厘米，现藏北京故宫博物院。接纸自题："余最喜画兰竹。兰如子固、松雪、所南，竹如东坡，与可及定之、九思，每见真迹，辄醉心焉。居常弄笔，必为摹仿。癸卯初夏，坐卧甚适，见几上横卷，纸颇受墨，不觉图竟，不知于子固、东坡诸名公，稍有所似否也？亦以征余兰竹之癖如此，观者勿厌其丛。徵明于玉磬山房。"（顾公硕 摄影）

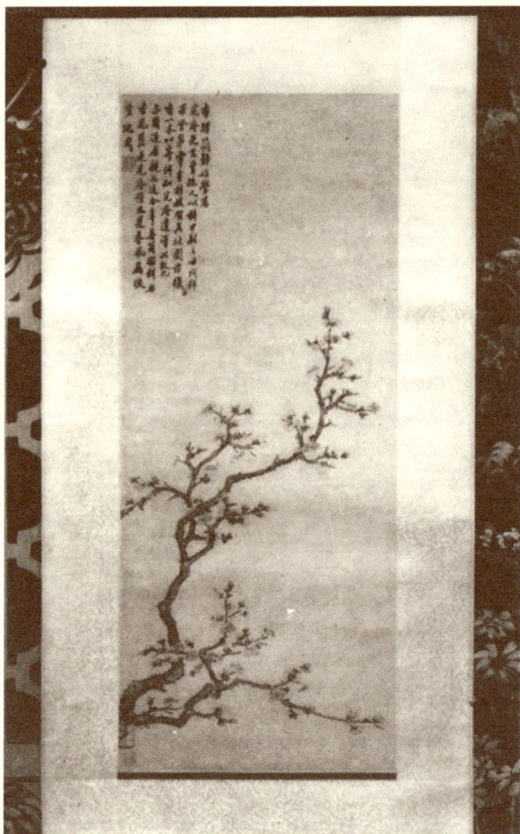

◆ "明四家"之一沈周《杏花轴》。顾文彬有记："设色写及第花一枝，淡抹脂痕，浅舒粉晕，三百年前玉台宫体也。上方诗云：'与尔近居亲亦近，今年喜尔掇科名。杏花旧是完庵种，又见春风属后生。'"（顾公硕 摄影）

◆　"明四家"之一沈周作品，疑为《沈石田大册》，顾文彬有记："此十六幅写风帆云栈、雨峰雪岸、停桡放牧、归鸦栖鸟，以及松、竹、梅、蕉、水仙之属，本幅皆留空白，题者四幅，盖未竟也。又有一册，凡山水十二幅，画既简淡，诗亦高老。"（顾公硕　摄影）

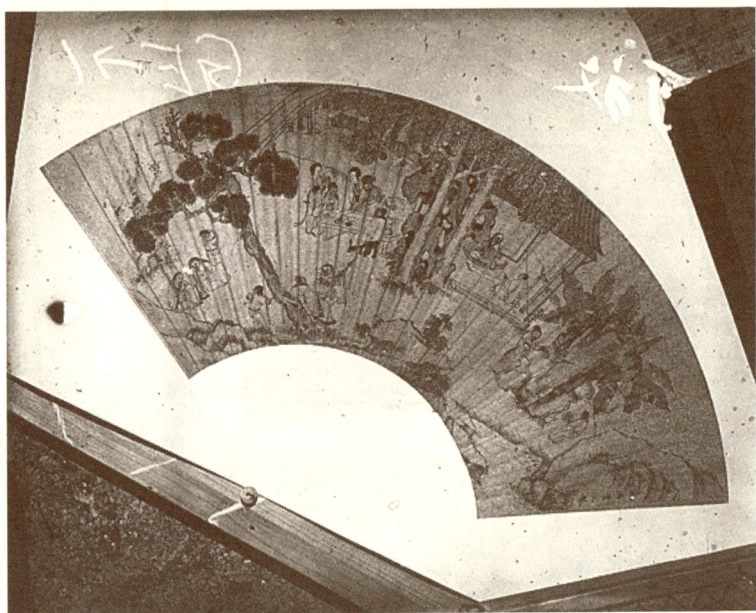

◆ "明四家"之一仇英所绘扇面,落款为"仇英实父制"。仇英(约1498—1552),字实父,一作实甫、号十洲,太仓(今江苏太仓)人,后移家吴县(今江苏苏州)。顾文彬曾收藏多幅作品落款"仇英实父制"(顾公硕 摄影)

◆ "明四家"之一唐寅山水图轴，但题跋诗句似乎有缺字。看所垫的报纸翻拍时间为1943年9月（顾公硕 摄影）

◆ 明代书画家董其昌山水册，顾文彬有记："附以山水六幅，气韵生动，得于自然，当与《论画》同时所作。"（顾公硕 摄影）

◆ 明末清初书画家邵弥册页《小可观》。此画照片共11张，此处仅选择5张。邵弥（约1592—1642），字僧弥，号瓜畴，又号长斋、灌园叟，长州（今江苏苏州人）。有关邵弥此册，顾文彬曾有记录："引首瓜畴以隶书署'小可观'三字，盖崇祯丁丑为季远作于蛰斋也。杂放北苑、海岳父子、令穰、元镇、叔明、子华、启南凡八家，妙得神似，尾署：'丁丑六月几望，季远社兄过访法水之清荫堂，寝食戏谑者累日，夕稍暇，便商笔墨，云烟所得，仅可成帙。'"从此册中，顾文彬还发现，"僧弥又字弥远，得闻所未闻"。顾鹤逸对此册也有记录，谓"先王父（指顾承）所旧藏"。但顾鹤逸又记发现另一册《小可观》册，引首自署则为小行书，跋中时间为"庚辰夏五"，"丁丑、庚辰相去三年以差，两为此册，又先后为寒家所得，亦胜缘也。前则仿古，此则凭意独造。寂历荒寒，画中郊岛，为此举世不为之笔，有一毫近名念邪？高人笔底，无所不有，僧弥惟从界画工丽入手，喧阗归于平淡，故能唾弃一切"。顾鹤逸还对获得墨宝人季远颇感兴趣，但由于未能考见其人，"恨恨不已"（顾公硕 摄影）

◆ 明末清初吴伟业《南湖春雨图》。吴伟业（1609—1672），字骏公，号梅村。崇祯四年（1631）中进士，授翰林编修，后任东宫讲读官、南京国子监司业等职。清顺治十年（1653）赴京出仕，初授秘书院侍讲，后升国子监祭酒。三年后奔母丧南归，从此隐居故里。其与钱谦益、龚鼎孳并称"江左三大家"。顾文彬对此图有记："梅村《集鸳湖感旧》云：'予曾过吴来之竹。'"（顾公硕 摄影）

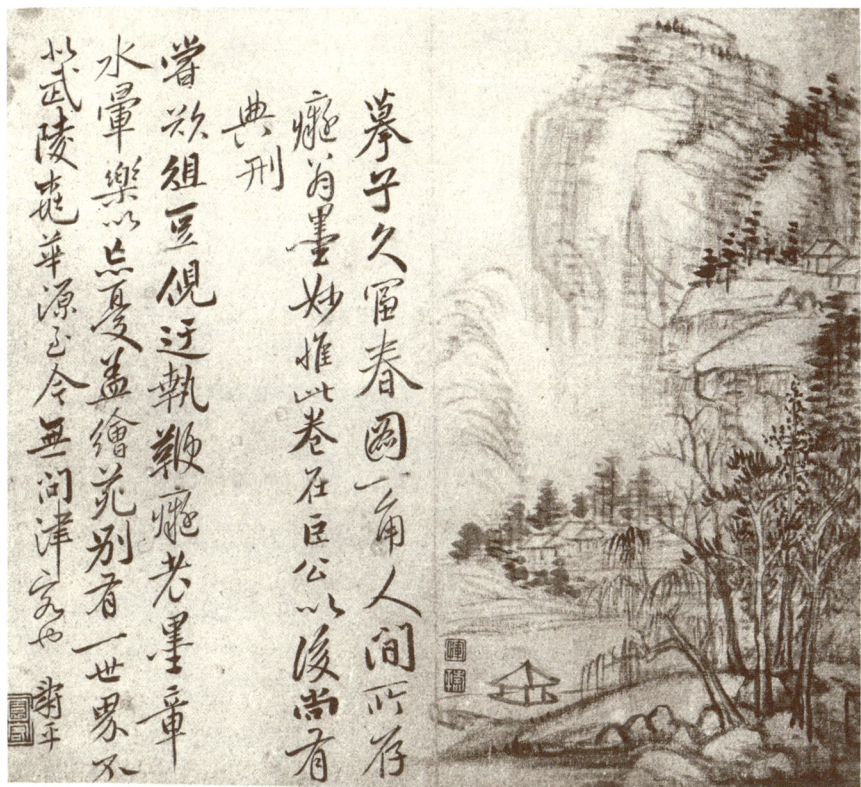

◆ "清初六大家"之一恽寿平摹黄公望《富春山居图》（顾公硕 摄影）

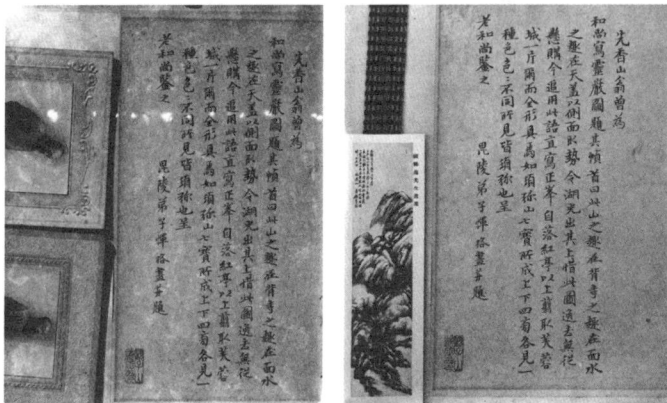

◆ 顾公硕拍摄的恽寿平《灵岩山卷》部分题跋，旁有顾鹤逸的遗像和纪念卡片

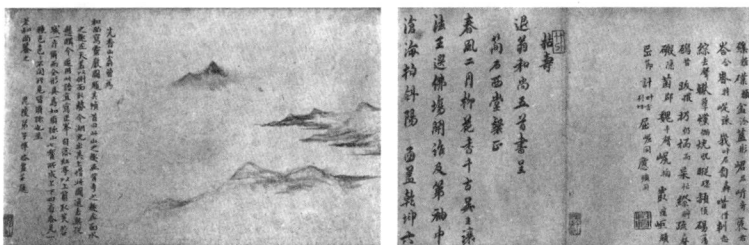

◆ "清初六大家"之一恽寿平《灵岩山图》题跋及画卷局部。在所摄图片中可见"顾鹤逸遗照"和"顾鹤逸遗作"，由此推断，拍摄时间应为顾鹤逸去世不久，即1930年后。此画相关照片共11张，此处选其中4张。

灵岩山，又名研石山，位于今江苏苏州木渎镇西北，山上有灵岩寺、多宝塔、吴王井等古迹，宋以后为僧家参禅胜地。清康熙四年（1665）二月，灵岩寺住持退翁和尚弘储（字担雪，号退翁）60岁生日，恽寿平随父日初（法名明昙）访灵岩寺，寿平绘《灵岩山图》，明昙撰《灵岩山赋》以寿退翁。《灵岩山图》从主峰取景，以鸟瞰式构图，将灵岩山全景悉收画面，画卷纵20.7厘米，横107.2厘米，现藏北京故宫博物院。画中有自题二则，款署"毗陵弟子恽格画并题"。画卷引首有退翁和尚弘储自题七绝一首，钤"虎丘弘储""担雪和尚"二印。画卷左边有恽寿平代书《灵岩山赋》，款署"甲辰中春上浣古曲阿闲遗叟明昙撰"。画卷后幅还有余怀、黄子锡、顾文彬、费念慈等七家题记。

顾文彬有记："想见先生胸有丘壑，思入风云，布置不苟，然后下笔，便如华严楼阁，弹指涌见。"后人以为，《灵岩山图》除了图画本身和弘储的题诗外，还有许多当时和后世文人的题记，均是弥足珍贵的史料（顾公硕 摄影）

230

◆ "清初六大家"之一吴历《仿倪云林寒山亭子图》。吴历（1632—1718），号渔山，江苏常熟人，与"四王"及恽寿平并称"清初六大家"，过云楼藏有多幅吴历作品，顾文彬与顾鹤逸在著作中对其均有记录（顾公硕 摄影）

◆ "清初六大家"之一王时敏《仿大痴秋山图》，款书"壬子清
和望前一日，庭仪表侄孙嘱笔为文安年亲翁六袠寿"。看所垫报纸
显示拍摄日期为"1941年1月15日"。顾鹤逸对此图有记："画
则丘壑灵奇，笔墨浑厚，色丽神古，得真秋山粉本，与所藏痴翁
《秋山》真迹正合。"（顾公硕 摄影）

# 顾家画风及欣哥画作

　　这本画册的作者荣木名笃瑾，是我的堂兄。长我16岁，他又名欣，我们都称他欣哥。

　　我顾氏家族，自从高祖子山公建"过云楼"，以收藏书画为其隐退后唯一的生活乐趣，历经曾祖乐泉公、祖父鹤逸公前后三代人之苦心搜索而集大成。乐泉公擅画，又精鉴赏，鹤逸公之画学更是名重一时，到了第四代，公雄、公柔两位伯父和我父亲（名则奂，字公硕）都以书画擅长，在祖父鹤逸公（别号西津）的指引下，精研六法，临摹过云楼旧藏，因而挥毫，笔致高古，秀雅绝俗，为同道推崇。由于不以绘画为专业，故作品存世无多，未能广为流传。又有彦平伯父为祖父之从子，以山水画著名，苏州美专初创时，任国画系主任，开创国画课堂教育有相当贡献。

　　欣哥是祖父的长孙，祖父有意培养他继承家学。他幼年开始习画，少年时便已显露不凡的天赋与才华。一次，祖父应邀在日本举行画展，曾得意地将他年仅14岁的孙儿的习作，附展于后。这是欣哥画作第一次亮相，却已备受瞩目了。

　　欣哥青年时期参加社会活动相当活跃，曾与苏州青年画友组织"东方美术会"，不但举办画展，而且出版刊物《东方美》，他是主

---

① 此篇为顾笃璜先生旧文，乃为《顾荣木老年戏笔》写的跋文，标题为编者所加。

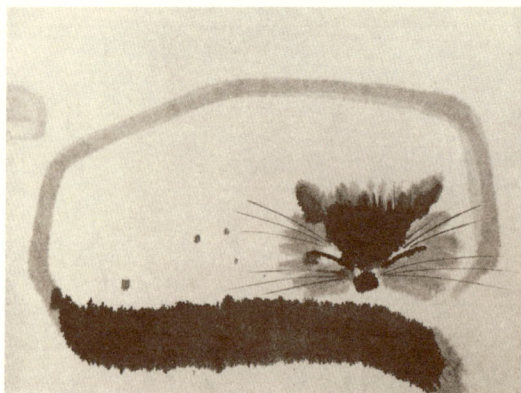

◆ 顾笃璜绘画作品

干人物，参加者有：吴辟疆、樊伯炎、蔡震渊、王选青、潘博山、朱梅村等，当时在苏州影响不小。不久他去上海大陆银行就业，又与海上画友徐邦达、张石园、江寒汀、叶路园等举办"绿漪艺社"，并被公推为社长，时在1931年。这些便是欣哥青年时代颇为辉煌的经历。

欣哥本应在书画方面有更多的发展，却因"八一三"事变，日军侵华战争爆发，全家自苏州避难迁居上海，欣哥因家累而转业工商，不得已将书画事业忍痛放弃了。这成为他一生的遗憾，且总觉辜负祖父对他的培养和期望而愧疚不已。

直到退休后的1976年，他决心重提画笔，并自号"古稀艺徒"，从此无分寒暑，刻苦钻研画学。转眼30年过去了，30年来他既不想到要举办画展，更不曾想到要把画作投放市场，他不受世俗观念的影响，像隐士一般闭门作画，只想了却一个心愿，圆青年时期的一个梦，那便是继承家学，实现祖父对他的期望。

他力求使自己的画作进入更高的境界，当自感未能到达时，便不断探索前进，终于积累了400多幅作品，对于一位画家来说，这绝不是一个小数目。

欣哥继承崇文、崇教的家族传统，培育子女，一个个事业有成，有科学家，有医务家，有教育家，有实业家，却全部不在文艺界。子女们出于对家学与对父亲的敬重，建议父亲编印一本画册，以留纪念

◆ 顾笃璜绘画作品

并赠送亲友。欣哥高兴地接受了这个建议，并指定要我来编辑，我当然乐于从命。

欣哥为什么指定由我来做编辑工作呢？这里面也有一段故事。祖父共有11个孙子，而弟兄中除欣哥外，唯有我也曾学过绘画，其余9人一律是学理科的，科学救国，这是时代的潮流。唯有我，偏是爱好艺术，中国画、西洋画、篆刻、木刻、实用美术，都曾还称正规地学过一点，却也早已改行。那是服从革命的需要，从事戏曲工作的缘故。我们这些人，当时被称为"戏改干部"。回想起来，几十年中，除了偶然参加绘制布景或设计演出说明书，算是与美术沾一点边外，只有在"批林批孔"又被第二次打倒，承一位朋友帮忙，为我开了一张长病假的证明，从此工资打六折，在家"养病"，于是便躲在城外一间小屋子里静心作画。无非是国画小品而已，作大幅国画，不具备物资条件，连画桌也没有，更不论作油画了。不久"文革"结束，我恢复工作，又忙戏曲方面的事，只得搁笔。后来我画的那些小品，被一位朋友看见，拿去交《苏州杂志》选刊了两幅，博读者一笑而已。现在想起来，也许是我绘画的终结篇了。我当然也想到过，老了，退休了，应该像欣哥一样，重提画笔，却受历史责任感的驱使，为保护文化遗产而依旧忙着戏曲方面的事，闲不下来，不但无缘去做"七十艺徒"，眼看"八十艺徒"也当不成，我不及欣哥有福。虽然如此，但

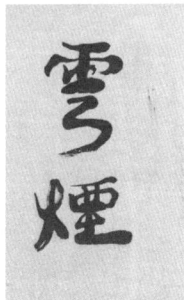

◆ 顾笃璜绘画、书法作品及印章。顾笃璜虽为昆曲名家，但早期学习专业为美术，且会篆刻，解放战争时期，他曾利用特长帮助地下工作。"文革"时，他被打倒，成为苏州"三家村"之一。"批林批孔"之时，他闲在家里，开始画画，这些作品即是当时所作

毕竟我与书画还是沾一点边，与欣哥的共同语言便多一点，编书之类的活，也曾干过一些，欣哥便把这一任务交给了我。既奉兄长之命，忙里偷闲，从欣哥的画作中精选出100幅画编排成册，即可付印，才算松了一口气。

但是我又想欣哥的这本画册，应该是开端，而不应该是终结。希望欣哥再接再厉，不因年高而搁笔。再过几年能读到他的《荣木百年画集》，对此我们大家都有很高的期待。

顾笃璜

2007年8月25日于苏州

◆ 顾笃璜绘画作品

◆ 顾笃璜绘画作品

第五辑　锦绣万花，古色今香

# 一部古籍，几多变故

2014年7月3日，江苏书展在苏州金鸡湖畔盛大开幕，过云楼部分藏书回到故乡苏州展览，其中就有宋版《锦绣万花谷》。展览时四面皆有全副武装特勤人员保卫。一道警戒线将读者与古书隔离开来，以确保古书安全。这批过云楼藏书，在顾氏家族分存藏物时就到了顾公硕先生的手里。

书展当天，以2.16亿元竞拍得《锦绣万花谷》的凤凰出版集团工作人员即在现场向顾氏后人捐赠新出版的《过云楼藏书书目图录》典藏本。该书序言中清楚地记载着："过云楼收藏的1360种善本在顾鹤逸殁后全部传给了他最钟爱的幼子公硕（1904—1944）。顾公硕笃守家藏的珍秘遗书，抗战期间及早应变，使古籍的精华部分幸免于难。顾公硕是苏州知识界的第一个坚信'希望在延安'的人，1949年以前即倾心革命，冒着生命危险以顾家世代名门的身份掩护地下工作者。解放后历任苏州文物保管委员会委员、市文联国画组组长等，1960年苏州博物馆成立，任副馆长，1962年任苏州市工艺美术研究所所长，为研究苏绣、缂丝、虎丘泥人、桃花坞年画、红木雕刻等传统工艺做出了很大贡献。1953年12月他倡议捐赠了顾氏的私家花园'怡园'及西侧的顾氏祠堂。1959年又将家藏金石书画捐献国家。"①

---

① 见陈海燕《顾氏过云楼及其藏书》。

锦繡萬花谷後集目錄卷上
卷第一
天
洞天六宮　九方天名
九天　四人境
八山柱　千柱殿
千輻輪殿　十二寶
三體　六泉
覆盎　形如笠
天去地二億一萬六千七百八十一里
天頭天耳天足
漢津
補天漏　張弓

锦繡萬花谷卷之三十六
饌食
餺飥
十字蒸餅
晉何曾蒸餅上不作十字不食本傳
九釘盤
唐御廚進饌閣九盤紫名九釘盤明皇雜錄
甘露羹
李林甫清鄭平為省郎贊迎甘露羹之能
炊金饌玉
露華郎食之能
跨賓王謂盤饌為炊金饌玉
厨珍

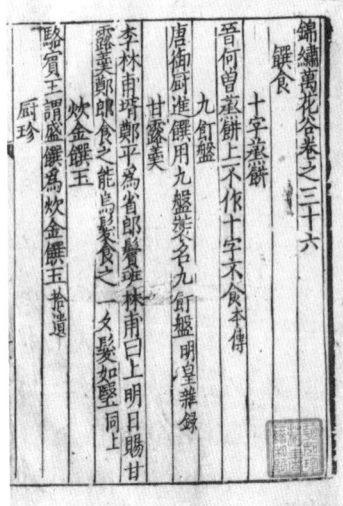

◆ 过云楼藏书《锦绣万花谷》内页，其中一页上有"顾鹤逸藏书"钤印

简短的捐赠仪式结束后，顾家有位老朋友在书展现场。江澄波，姑苏百年书肆文学山房传承人，苏州修复古籍第一把好手。书展当天，他携女将山房所藏宋本到民国时期书籍精品带到现场展览。他坚持手写标牌。他带来的古书成为媒体拍摄采访的焦点。过云楼所藏大部分藏书，就是经江澄波先生的手，流通到了南京的图书馆。面对拍卖市场上顾氏藏书的热火，江澄波连连呼吁"降温"。江澄波说，由于过云楼藏书在"文革"抄家登记造册时，把很多丛书拆散了，按另种书名编目。例如把黄丕烈所刻《士礼居丛书》拆开，就是前后两批里都有。还有嘉靖赵府居敬堂刊本《黄帝内经素问灵枢合刊》，《内经素问》早就在南京图书馆了，而《灵枢经》则在此次书中，所以他希望这批书能回到南京图书馆，"这样破镜重圆，重新成为全书"。

说起顾氏藏书经手渊源，这里还有个小故事，江澄波每说每笑。20世纪80年代，时任"江苏省委第二书记"的柳林嘱托他这个版本学家"一定要把过云楼藏书留在江苏"。话到苏州，江澄波便去找顾笃璜。两人同在文化系统，且苏州地头本小，自然相熟。他记得那

◆ 过云楼藏书《锦绣万花谷》成为拍卖场上一个奇迹，也成为藏书界一个话题

天，顾笃璜要在黄天源宴请一位台湾朋友。黄天源是吃点心的寻常小店。江澄波说，"你的档次，应该去松鹤楼请客，要说请不起，就是靠着米屯说肚饿了。"顾笃璜心领神会："你不会是让我卖书吧？"由此谈及顾家藏书去向。后来顾氏部分藏书象征性地有偿转让到南京图书馆，再后来剩下的四分之一走上拍卖台，用江澄波先生的话说："2005年在嘉德拍卖时，假使南图的领导重视的话，那时只要花2000多万元就能解决了。"后来提到现如今的价格，江澄波撰文提出："对于书价问题。从2005年5月到现在相隔7年时间，从嘉德拍来是2300多万，现在估价升至1.8个亿。我不知道这增值的依据是怎样算出来的。是经过哪几位专业人员评估？最好把专家的评估单价公布出来，做到无私无畏。现在不是提倡做事要公正透明吗？"老夫子认真态度可见。然而，顾氏藏书走上拍卖台已成定局。

事隔多年，江澄波却感觉过意不去，他自述："后来在一次开会时，顾笃璜坐在我边上闲话时，我同他说：'那时我做的那件事（指把顾家的书送给南图），现在想来，有些过意不去。'他就说：'同

◆ 2014年夏，江苏书展上，顾笃璜先生（右）与江澄波先生会面

你不搭界，书都归到南图，你又没有拿我一分钱。'"

老友相见，江澄波先生放下正在吃的工作盒饭，抹抹嘴迎上来。双方握手言谈。在文学山房的展台上，摆放着两封与顾家有关的信函。顾笃璜先生弯下腰神去细观，一封是王大隆写给顾公硕的感谢函，全文如下：

公硕先生阁下：

前日承钞赐尊藏范围藏书跋尾，至纫雅谊。惟手示言有四种，而今收到，计《东家子》《嘉祐集》《宗忠简集》，实只三种，不案有误否？又各书卷数及钞刻，均请示知，因例须附注目下也。再三奉读，实深不安，专此鸣谢。顺请秋安。

弟王大隆 顿首

龙 廿一日

另一封是别人写给顾笃璜曾祖顾承的信函，乃江澄波留心所收。顾氏后人表示，顾家这类信函在"文革"时流出去很多，不稀奇的。江澄波为文化有心人，凡遇到必设法留存，然后转让给需要之人。

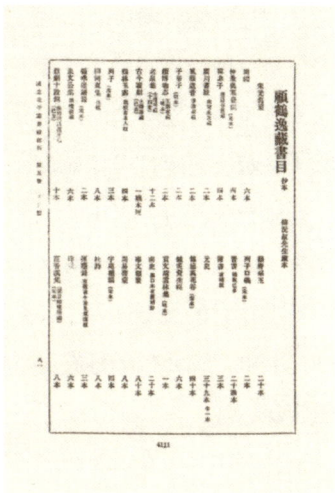

◆ 傅增湘与《顾鹤逸藏书目》

回到那封给顾公硕的信函，经查资料，王大隆（1901—1966），字欣夫，以字行，号补安，室名学礼斋、抱蜀庐、蛾术轩等。江苏吴县人，祖籍嘉兴府秀水县。古籍版本目录学家，文献学家。师从吴江名士金松岑、曹元弼。在孔夫子旧书网上有王大隆编辑的《荛圃藏书题识》《荛圃藏书题识续录》，售价不菲。

在江澄波所收藏信函中有"承钞赐尊藏荛圃藏书跋尾"字样，可见王大隆曾向顾公硕借到顾氏珍藏书籍，并可以抄录。在顾公硕遗留手稿中，也记录有"荛圃题跋"的资料。

从资料看，王大隆借阅顾氏藏书还有他例，就手从《过云楼藏书书目图录》可见，《宋本广韵》五卷（清康熙刻本）下，即录有王大隆题跋字样："据王大隆先生考订，此为顾千里临惠栋、段玉裁校，并以集韵自校，均为元和丁士涵先生手录，夹签均为丁氏自校者，而顾校原本不知所归，故王大隆先生编撰'校录'以此临本为据，是为底本。"

同样是借书，古籍版本学家傅增湘仰慕顾氏藏书很久，终于拜访到主人顾鹤逸，得机会进入过云楼借阅古书。很多报道提及顾家藏书秘不示人，只准看不准抄，甚至说因傅增湘默记后并传播而使得过云楼藏书名闻天下，顾氏后人解释说，实际上不是这样的。顾家人从未说过"过云楼收藏甲江南",对于真心追求学问者,也是敞开大门很好地接待的,有时候还要管饭呢,这都是当时很好的风气。当然,顾家肯定也要考虑频繁的来访与借阅对所藏书画等的破坏,因此不是什么人来都会出示过云楼珍藏,一般来看看热闹的,"我们会有另外的一套画给他们看,真正的好藏品不会拿出来的"。而傅增湘这样的学者来,顾鹤逸是肯定热情接待的。文人做研究,也不可能明确说只准看不准抄,事实是过云楼备有笔墨纸砚,供人临摹抄写之用。但傅增湘回去就把过云楼书目发表了,顾鹤逸就有些意见了,毕竟顾家从不想张扬。

从实际交往看,顾鹤逸与傅增湘始终是好朋友。1912年,傅增湘到苏州,从书贾杨馥堂店中购得洪武十二年(1379)原刻本《苏州府志》。此书原为常熟毛氏汲古阁及吴门石韫玉旧藏。顾鹤逸知晓后,即与傅增湘商量转让,他希望能把这本书留在苏州。但此事当时傅增湘未曾应承,事后倒是成了,傅增湘在《洪武本苏州府志跋》中记:

> 此书《四库》不收,阮氏亦未进呈,此明初刻本最为罕觏,诸家著录多属传钞,陆存斋藏本有朱竹垞跋,《曝书亭集》中无此跋。为莞圃旧物,今在日本静嘉堂文库。爱日精庐所藏钞帙从陈子准之洪武本出,然陈本今已不可考。海虞瞿氏一帙有宋宾王跋,今归北平馆中。此外余曾为顾鹤逸购得一部。计当世所存,并余书而四矣。余书于壬子春日得之吴门,乃鸣琴室帖估杨馥堂携以见示,重其为宋、石二氏遗迹,因以四十金收之。序文为毛氏补钞,不若顾本之完整,而全书印本则视瞿氏所藏远胜。闻馆中收瞿本,其值为六百金,阅时甫二十年,而书价腾升,乃至十倍上,亦滋足诧也!

"壬子年"即1912年。傅增湘爱书心切,当时未答应顾鹤逸,但事后返京,在琉璃厂翰文斋购得此书别本,并于当年秋天来苏州,亲自将书交给顾鹤逸。后来,顾鹤逸又托傅增湘将此书的宋宾王的校补

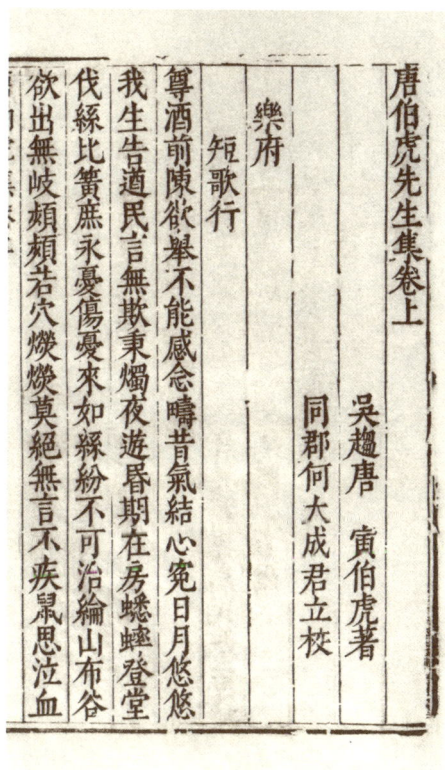

唐伯虎先生集卷上

　　　　　　　吴趋唐　寅伯虎著
　　　　同郡何大成君立校

乐府

短歌行

尊酒前陈欲举不能感念畴昔气结心宛日月悠悠
我生告道民言无欺乘烛夜游昏期在房蟋蟀登堂
伐绵比簧庶永忧忧来如绵纷不可治编山布谷
欲出无岐频频若穴燃燃莫绝无言不疾呆思泣血

◆ 过云楼藏书明刊本《唐伯虎集》

过录在新得之书。傅增湘返京后，一直未能办理，1930年顾鹤逸去世于苏州。傅增湘仍没有忘了之前的承诺，专门托人将此书奉还顾鹤逸幼子顾公硕。

　　一段书话，一段佳话。

　　风云再起时，顾公硕正在加紧研究苏州的传统文化，其中就包括古籍版本，他的遗稿中就有手抄的文件名为《明以来抄本》《明刻本名称》《明以来平日以抄书为课程者》《清代抄本》《道光苏州书坊》等等，记录详细。其中《王穉登著书》后还有自叙：

　　　　《松檀集》　　　《晋陵集》一卷

　　　　《全闽集》二　　《燕市集》二

　　　　《青雀》二　　　《客越》二

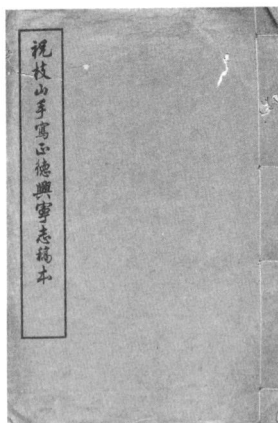

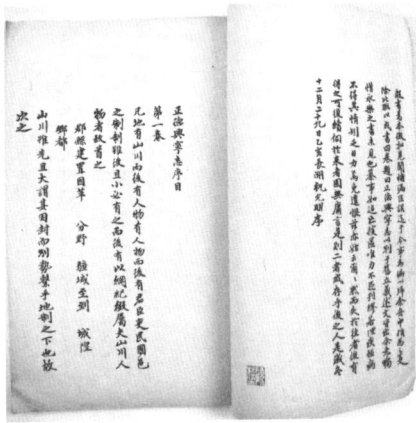

◆ 顾公硕捐献的过云楼藏书《祝枝山手写正德兴宁志稿本》重印本

《越吟》二　　　　《荆溪疏》

《延令集》二　　　《梅花什》一

《明月编》二　　　《雨航记》一

《清茗》二　　　　《竹箭》二

《采真集》二　　　《法因集》四

《广场庵疏志》　　《虎苑》二

《苦言》一　　　　《谋野集》四

《题跋》一　　　　《奕史》一

《长物编》

《生圹志》　　　《吴社编》　　　《丹青志》①

## 明万历书林叶应祖刻本

余藏王百毂（指王稺登）集十册内容即以上有人记者，又藏
谋野集四卷，江阴郁文叔玉树堂刻本，据郁序称十卷似非全书，
叶本谋野集亦四卷，是为屠氏节本订为四卷，内容与郁本颇有出
入，益证此本之位残也。

---

① 书名号为编者所加，书名按原样录出，有些应是书名简称，书后数字为卷数。

◆ 顾公硕手稿，文学山房早期的一批书籍价格

担承过云楼使命，继承父亲雅嗜，顾公硕渴望在整理上有所建树，他默默无闻，他兢兢业业，直到抄家时也没有心灰意冷——抄家时被抄走的应该会有那本《苏州府志》。据说后来落实政策时，一批古籍又归还顾家，再后来明刻《苏州府志》等过云楼藏书悉数转到南京图书馆。由此，苏州的古籍版本"损兵折将"，大大受挫，以致组建地方志部门，还需要向北京图书馆求助复印相关史料。至此不难理解江澄波老先生每遇到过云楼纸头零册皆视为珍藏，期待遇到"地产识宝人"的苦心。

有段时间看网上在拍卖一本《祝枝山手写正德兴宁志稿本》，说是顾公硕的藏书，可惜看到时已经被拍走。细观之下发现，这本拍品为现代重印本，原稿极为珍贵，曾被顾文彬收入《过云楼书画记》，谓此册"次序谨严，考核翔实，有可称者"，"册旧为王麟洲秘箧中物，有'琅琊王敬美氏家藏图书'印"。在重印本上又有说明，此册后归过云楼顾氏，有"顾麟士"藏章。"今由顾公硕同志捐赠苏州市文物保管委员会。"可见顾公硕对于家中至宝的态度，在于分享，而不在于私藏。

有一次，看到顾公硕去世两年前手抄的一张书单，很是好奇，全录如下：

| 文学山房 1964年9月20日 | 卖出之价 |
|---|---|
| 金石韵府 | 120 |
| 文字会宝 | 120 |
| 诗隽类函 | 300 |
| 范香溪文集 | 30 |
| 午梦堂全集 | 160 |
| 唐荆川文集 | 120 |
| 印须集 | 36 |
| 玉允仙馆备忘录 | 120 |
| 酉阳搜古奇编 | 60 |

当这张纸头于2014年春到了江澄波先生手里时，他看了之后说：哦，这是我们书店卖出去的价格。看了看书价，江澄波的女儿说：这书价当时算是贵的了。见我疑惑不解，他们又说，当时在上海一桌上好的酒席也就30块钱，如今一桌像样的酒席多少也得一两千元，这样换算下来，可想而知。由此想想现在都说书价贵，但对比历史走势看，到底是贵了，还是便宜了呢？

# 顾公硕读书心语

从顾公硕掌握的知识结构看，他肯定是阅读过大量的中外书籍，他精通日语，可以看日文原版书，由此可以畅通无阻地寻找他需要的书画及工艺美术类资料。他会英文，这在他的设计稿中即可体现。从他的阅读习惯看，他是一个思想开放的人，注意兼收并取，不会固守传统的东西，但会坚持按照自己的课题有序进行下去。只可惜时局、时间都不能容他。他的离去，不仅仅是一个知识分子的早逝，更是一个兼容新旧时代典型的消失。万幸的是，他留下了图片，还有这些懵懂的读书笔记。这是从他早期的笔记中摘取的几段个人心语：

## 不忘书之法（丙寅四月初四日记）

书为身以外物，欲其久留心中，必自己去求之。读书即求书，然非一求即至者，须诚恳求之，始能求到。譬如有人焉，其读书之时，其中义理已了于胸中，即可谓书已经求到，但能否久留不去，仍当视求之者能否保留而定，然则保留之法为何，曰"思"耳，盖时时惠之则其义可不忘，不忘则不留而自留矣。

## 读书与阅书

孩童之读书决非本愿，勉强而行之，虽背读如流水仍不能久留乎脑中。待至年长，已有求学之欲，则不必数度而其理自见。

◆ 顾公硕旧影

## 速写与留声筒

速写发明及应用至广，然差误甚多，近有留声筒继起，法以人口对喇叭说话，话即留于筒中，打字者或抄录者将留音筒开唱，即可从事工作，较速写更速而无差误，其便利可谓至矣。故速写已成过去之物，不复适用于今之世矣，而国人尚有习学速写者，可哂也。

## 寻书读

古之人闲暇可寻书读，今之人迫于生计经济时间故断无寻书读者，著作家当诱人立往读。动无以利静，静足以制动。

报载美国有夫妇二人，家产甚富，因饮食口味不同，因而时生龃龉，久之互有意见，遂宣告离婚，初视之无有不惊其事之奇者，盖富家山珍海味罗列殆编，各食其爱为可耳，何至因此细微之故而离婚耶？然此视其表面也，试一度其内幕，有离之必要在

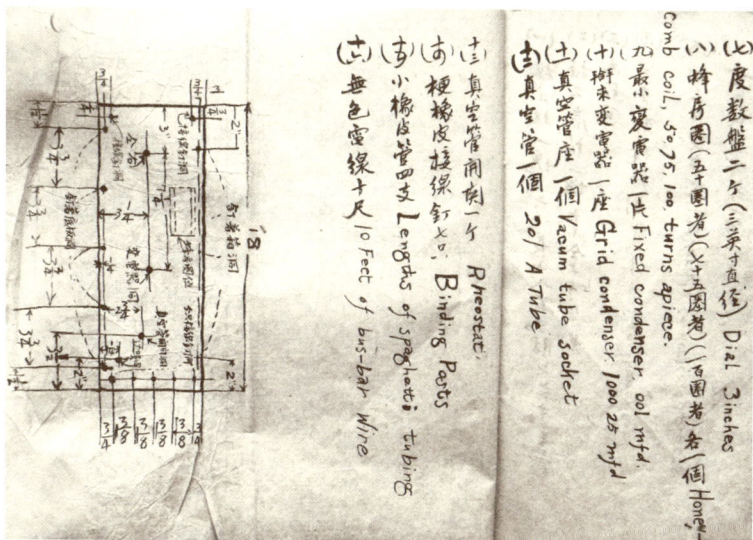

◆ 顾公硕设计手槁，有图纸，有英文标识

焉。夫妇间维持爱者为性情，性情合者全合，断无某部分合而某部分不合，有之亦一面之勉强而合也，故口味之不同故证其无不不同，其离婚表面为口味之不同，内幕似为性情之不同明矣。

投机事业，瞬间万变，盈亏至巨，故投机家多暴躁者、忙碌者，虽拥巨资者仍不能中止其投机。其暴躁忙碌如故，此犹有裘而不服，徒有有裘之名而未德有裘之暖也，可以醒矣。

人当失败时而朋友不加以慰藉，反讥讽之，可谓全无心肝者矣，况且友平日之友谊莫逆，顾同生死者耶？

人之在患得患失。须知外之物皆暂时伴侣而又毫无情感者，故人亡而物在。若物亡而人殉者，其愚莫及天。

水火不相容，强合之必斗。水强则火灭，火强则水干。双雄斗智，一死一伤，及时猛醒，悔已无及，造物弄人予复何言？

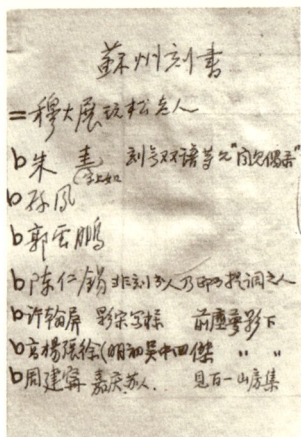

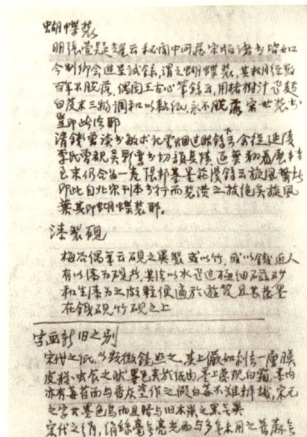

◆ 顾公硕手稿，关于古书的制作工艺的记录

居人虎于一室，人必死，设人知出避而反扃之，虎亦为人饿死。

（十四年十一月年廿四书感）

近日思绪杂乱，迥异往昔不能作一事，奇极怪极。（十五年

四月二日）

世界之神秘，人生之迷梦，求能解脱者有几人哉！（十五年

四月二日）

世界取去了人即不成其为世界，亦不致有争战而现出这惨不

忍睹之景象。

就人之本身想，精神完毕之时即一生结果之时，人既然无

不死者，则生又何为？世界终有消灭之时，不过寿命较长……同

归于尽灭，不亦爽快乎？故其生存亦无谓哉，予倡灭世主义。

（十五年四月二日）

第六辑　复兴过云楼

# 纪念顾鹤逸先生兼怀怡园诸子 ①

顾君荣木以余曾在过云楼从孙伯南先生游，与公雄、公硕、季文叔侄同门而又交契，嘱余作文以传其先祖鹤逸先生。余维先生天资超轶，家学鸿雅，美池馆，富收藏，敦名节，励学问，章式之先生志其墓曰："有清一代艺苑传人之殿。"先生当之而无愧矣！

先生名麟士（1865—1930），字谔一，号鹤逸，自署西津（纪念其先茔在西津桥）、筠邻、鹤庐，行六，苏州人。早孤，事母孝。

祖文彬，字子山，号艮庵，清道光二十一年（1841）进士，官终浙江宁绍台道。归里，居苏州铁瓶巷，建过云楼，为庋藏书画之所。复于宅后尚书里就吴原博旧园址扩构为怡园。以文章经济为晚清吾吴泰斗。著有《眉绿楼词》《过云楼书画记》，并刻有《过云楼藏帖》。

父承，艮庵三子也，初名廷烈，字承之，号骏叔，又字乐全、诸生。幼与次兄廷熙，同耽书画，侍父艮庵编《书画记》。著有《坡仙琴馆随笔》《画馀庵印谱》《钱谱》。

先生曾应童子试，见一老童生跪请易污卷，被试官厉声呵责。先生两鄙之，遂弃举子业，矻矻于绘画、书法、诗词、金石以及鉴赏、收藏。天性于画学为近，幼自乡间祭扫归，即屏坐揣摹所见。乐全翁故善六法濡染，过云楼又富收藏，先生得天独厚。稍长，益取径明

---

① 作者汪葆楫。

◆ 顾鹤逸旧影

贤，上规宋元，又兼综于清初六家，寝馈以之，自成高格。其画学与鉴藏，不仅为国内艺坛所推崇，声名洋溢于海外。

其论画，于师古则曰："学古不为古缚。"于师法，则曰："不囿于师法。"自非识见远到，乌能语此？先生学无常师，浸润于藏品之中，遍临诸家，博采众长，不限于一人一格。教子侄不使临摹己作，以为学问之道，贵取法乎上。又在积极方面阐明不师古曰："仿古之道，得神为上，形为下。"又举例曰："学六如画，得形易，得神难，但求一静字，消息可通矣。"学六如，以静为得神，非深于画理者，不能道出。又在具体方法上谈神字妙诀曰："元明高手之写雪景，诀在神到笔不到，意足墨不足，不到不足，雪体已具。"写寒林图云："以荒率为尚，然太荒率则笔墨近枯涩矣，宜出之滋润。"写雪景以意趣荒寒而笔墨腴润者为贵，否则枯寂寡味。善于调和对立，皆甘苦之言。

又论师造化，见于题《厘峰夜雪图》曰："忆十余年前，大雪中留宿莫厘僧舍，子夜推窗，侵晓启户，触景无非奇想妙境，恐唐人名迹，容有未尽，信乎？师诸人不如师造化也。"鉴于昔人行万里以恢画境而资变化，乃于居室之上，构一崇台，观望云物。或捏纸团察其皴纹而增丘壑。

又论师心，则倡导敦品励学。如于论徐青藤画曰："有青藤之才，然后有青藤之画，其妙处全在以文学经纬之。"又曰："苦瓜和尚尝问画禅于松雪、黄鹤，又钩玄抉奥，著画语录十八章。其学问根柢坚深若此，岂屑以疏陋粗犷色相示人？"

其次，随时运为转移，曰："明初画家皆法元贤，即偶为小景，尤具浑沦气象，自戴（文进）、吴（小仙）出而锋芒露，含蓄渐微，此非关乎人力。盖时运为转移也。"

其次，规矩绳墨，曰："盖匠者惟绳墨是求，规矩是则，然后从心应手，分象成物，具有真力量，真学问，虽艺也，而进于道者。"又曰："八大、石涛皆从工笔出，故绳尺极准。近时人昧于此理，谬谓草率即八大、石涛，夏虫不知冰，可怜哉！"

先生鉴赏精微，剖析深刻，有独到识见。其评仇十洲画最为精辟，曰："十洲之画，真伪至易别白，因其盘礴时，运力于笔颖用之耳。凡写人物衣褶及山水树石，楼台界画，曾不偶使偃笔，而清劲圆健，无体无方，虽细若游丝，仍坚可屈铁，其缜密者如此。"又云："余见伪仇画多矣，非无至精至妙者，其笔非扪之有棱，则知其为明季人伪托耳。仇之法，何法哉？宋法也。宋贤无偃笔取势者；有之，自元人始。"又曰："故自元法盛行，而明画始衰，青绿山水几成绝学。以青绿之为道，愈不能偃笔为之也。"

自南齐谢赫之六法，五代荆浩之六要，历两宋而气韵之说，逐步升华，元四家至峰极。先生以宋以骨胜，元以韵胜，宋元之间，各有所擅，进而调和二者曰："山水之法，先见骨力，更求气韵，有骨无韵，即失之俗，有韵无骨，又失之弱，二者得兼，乃成其妙。骨力藏笔墨之内，气韵生笔墨之外，六法精蕴，不外乎此。"

气韵之外又有含蓄，亦为文人所倚重。先生以为北宋之法妙在无笔不刻露，而尤要在无处不含蓄。刻字本为六法所忌，然辅之以含

◆ 顾鹤逸山水作品

◆ 顾公雄、顾公硕（前左一）与友人在怡园合影

蓄，乃成妙谛。骨力与气韵相成，刻露与含蓄调和，先生卓识高见，道人所未道多类此。

先生审察画艺，贯彻古今，论断精确。吴昌硕先生早年精金石，中年始染指丹青，初无过问者。先生已识其用笔不凡。余曾获睹上海博物馆展出任伯年菊花图，昌硕先生题识自白："鹤逸六兄精绘事，一水一石不轻为人作。予画乱头粗服，无过问者。六兄然予用笔似雪箇（八大）。己亥华朝出八大白鹿一帧见惠，受而不报，非礼也，爰以是为赠。"己亥年缶老已五十五岁，先生少缶老廿二岁，少年老成，学养深厚，非伊朝夕。

先生与沈修、章钰、吴昌绶、朱祖谋、刘世珩、傅增湘、冒广生、曹元忠、费念慈为文字之交；与李嘉福、周星诒、庞元济为鉴赏书画之交；与吴大澂、杨岘、任熏、顾沄、陆恢、任预、倪田、金心兰、吴谷祥、沙馥、吴俊卿、王同愈为切磋画艺之交，并于光绪二十一年（1895）创立怡园画社，推吴大澂任社长，月集一次。费念慈原不能画，曾致函先生，曰："将以公为师，以廉夫、心兰为友。"乃参与画社也。

◆ 昆曲名家顾公可在怡园的旧影

顾氏之收藏，经春江、艮庵、乐全三世苦心淘购，《书画记》所载，计书类五十八品，画类一百八十四品，它如绢本扇箑，限于体例，皆不入选。有清一代亦止于四王恽吴，故《书画记》所列，仅藏品之十五六耳。至于先生而又发扬光大之。《续书画记》所载，计书类二十九品，画类八十四品，亦同前例，未窥全豹也。先生润笔所得，举以收购书画文物。若家族有出售祖藏者，及时还收。某年除夕，吴平斋后人需款孔急，求售两罍轩两罍之一齐侯罍，先生虽岁暮无余资，然犹多方筹措，终于获致。它如与海内收藏家相互调剂，则陆廉夫先生撮合为多。凡先哲翰墨，尤所甄录。宋元旧椠及老辈遗著，悬金求之。盖善承先绪而旨趣益远矣。

先生淡泊俭约，一绵衣十数年。

喜与农夫田父话桑麻，娓娓不倦。

方怡园之命名也，艮庵以为在余为自怡，在承为怡亲，而苏之轻薄者讥为一心不忘宁绍台。藕香榭俗称荷花厅，为园之主构。先生嫌其湫溢，扩建之，易其匾曰可自怡斋，自书之，将以间执人口也。并由金心兰、倪墨耕等绘怡园八景，悬之壁间，先生自绘石观音图。抗战后，画亡匾废。今复为藕香榭，顾起潜学长书之。

绘事之外，先生又于营造、种莳、雕刻、医药具神解。医则学于曹揆一（元弼），用药不多，而量重，治伤寒，往往石膏以斤计。

晚年病目辍笔，而走书币乞请者远及海东，无以谢绝，黾勉应付，故家藏遗作不多也。

避尘嚣，由铁瓶巷移居朱家园。旋得中风症，东人又越海来问疾。病半年，遂以不起。生清同治四年（1865）六月十七日，卒一九三〇年四月十九日，享年六十有六。夫人谢慧之，前卒，继配潘志玉，皆丹青妙手。子高生早殇，则久、则扬、则坚、则奂。女二，一适李文锦，一适陆钦宝。孙十一，孙女十。著有《因因庵石墨记》，未成。成者《续过云楼书画记》《鹤庐画识》《鹤庐画趣》三种，辑《鹤庐印谱》。

则久字公可，爱昆曲，师俞粟庐，工官生，音宽亮，时有俞门一龙二虎之称，一龙即公可，肖龙焉，二虎为俞锡候、俞振飞，同肖虎，三人为粟庐先生得意弟子。

则扬字公雄，继承家学，有君子风，印沈绥成先生遗著《未园集》，与诗人杨无恙订补《续过云楼书画记》。

则坚字公柔，聪颖亦擅丹青，不幸早世。

则奂字公硕，多才艺，笃友谊。同门傅子文与朱梁任父子同往参加甪直唐塑营新典礼，途中没于吴淞江，公硕募资赡养其老母寡嫂孤侄，又为之营葬于上方山麓。苏州美术会及苏州美专创办人之一。解放后，任苏州博物馆副馆长、工艺美术研究所所长。著《中国工艺美术史》未成，搜集资料宏富。擅山水、白描人物。大动乱中，投河于虎丘二号桥，赍恨以殁。

侄则正字彦平，亦擅山水，得老人衣钵，幽深沈厚，卓然巨手。君病耳，又号聋道人云。

荣木名笃瑾，为先生长孙，于一九二八年与画友重组怡园画社，可谓第三代怡园画社，志在继承先贤遗愿，颇得先生赞许。社址亦在怡园，社员达二十二人，有顾季文、朱梅村、顾孟明、徐沄秋、张仲良、李士俊、蔡迈轩、樊伯炎及女画家樊颖初、樊诵芬、贝聿诏等。三年后，敌燹而散。

一九三〇年荣木又与吴辟疆、樊伯炎、蔡震渊等得先生支持与鼓励，成立东方美术会。先生欣然接受该会敦聘为名誉会员。惟以为发扬东方美术，首须有文字宣传，发行刊物，实属必要。该会秉承此旨，共推吴辟疆为主干，王选青、樊伯炎、潘博山、蔡震渊、顾荣木任编辑，发行美术周刊曰《东方美》，吴湖帆书其端。该刊搜集各家所藏金石书画，分期登载，并其递遵源流，真伪鉴别，笔法画理，胥一一发为文章，故为世所重。刊物甫出两期，而先生溘然长逝。小怡园画社特举办画扇展览会于铁瓶巷美术会以致哀悼。《东方美》仅出六期，亦因资金短绌而告终。

余晋谒先师伯南先生于一九二六年春，与公雄、公硕、季文、荣木等每日午后联席读经史。公可、公柔偶亦莅临。楼南鸳鸯厅，

◆ 顾公可（左）与顾公硕在演出昆曲

中隔以屏，屏阳刻明人花卉，屏阴刻明人书法。庭前五岳起方寸奇石在焉。夏日移此读，先师备西瓜。春秋佳日，与雄、硕结伴游近郊山水，访古寻胜，创浪华旅行团，印纪念册。遇令节或同门诞辰，则举庆贺宴于怡园可自怡斋，摄影留念。一九二九年，余拜辞先师读法，而迹共流水，往复不辍。一九三一年来沪升正科，则鱼雁频频，互问起居。假日续浪华旅行之举，无锡、虞山、昆山、吴江皆涉足之所。一九三五年，余在沪执行律务，时一返苏，返必欢聚。抗战军兴，以民族大义相激励。而今顾氏昆仲，公柔早世，公可中寿，公雄卒于解放初，公硕不得其死，季文胃癌卒，皆先我而去，顾瞻前情，怅恨无已！

# 怡园寻旧

◇◇◇◇◇◇◇◇◇◇◇◇◇◇◇◇◇◇◇

顾子山方伯既建春荫义庄，辟其东为园，以颐性养寿。是曰"怡园"。入园，有一轩，庭植牡丹，署曰"看到子孙"。轩之东，有屋如舟，署曰"舫斋赖有小溪山，涪翁句也"。其前，三面环水，左侧苍松数十株，余摘司空表圣句，颜之曰："碧涧之曲，古松之荫。"其上有阁，曰"送籁"。凭槛而望，郭外西山，隐隐见眉妩矣！

——俞樾

顾文彬花了二十万两银子，费了七年时间，才把它建造成功。因为怡园在苏州各园林中造得最晚，所以它能吸取各园的优点、自成一格：如复廊是采取沧浪亭的一部分，假山是参照环秀山庄，荷池是仿网师园。占地虽小，内容却很丰富。怡园在建造时，曾收买了三个废园的湖石，把它集中在一起，所以它的湖石最多最好。不论立峰、横峰、花台、驳岸，都是很好的湖石。园中本来有四多之称：一是湖石多，二是联额多，三是白皮松多，四是动物多。

——朱偰

进了（怡园）园门，经竹林小径前进，过"玉虹亭"就到"石听琴室"，室外一角，看双峰并立，似在听琴。沿着曲廊进去，就到了全园的精华所在，假山绵延，亭榭相望，莲塘澄澈、古木参天，好像

266

是《红楼梦》里的一幅大观园图，展开在面前，使人看了心旷神怡。

——周瘦鹃

苏州诸园，怡园允推为后起之杰出者，论时代应属较晚，论成就，能承前而综合出之。但有佳处，亦有不周处，然仍不愧为吴中名园之一。

园本明吴宽复园故址，清同光间顾文彬重建。顾宦游浙江，其子顾承实经营之，得画家王云、范印泉、顾沄、程庭鹭诸人之助，在建造时每构一亭，每堆一石，顾承必构图商于乃父，故筑园颇为认真。

怡园为顾氏宅园，隔巷为住宅，后为家祠，其三者合一规模开狮子林贝氏之先。

园门今改建，原有门厅等不存。额为怡园，取"兄弟怡怡"之意。入内为东区，有坡仙琴馆、岁寒草庐，各自成区，而峰石亭亭，皆属上品，旧时青枫若盖，益增苍润。沿墙有石笋成林，幽篁成丛，真伪相间，古趣盎然，此一园最幽静处。至于一抹夕晖，反照于复廊之上，花影重重，粉壁自画，则它园莫及之。

越复廊为西部，有池，藕香榭濒水，环顾皆山石，涧壑蜿蜒，而白皮松斜依波上，点破一池涟漪。越洞至画舫斋，乃旱船，居园西北隅，仿佛待发。其西隔墙为湛露堂，可赏牡丹，花时极绚烂，院落则幽深，景固情而感益深。至若玉虹亭、螺髻亭皆能安排妥帖，各点其景。曲廊转角之小景配置，能留人驻足，得空灵之妙。园之花木，有梅林、松林、竹林，以群植出之，能各显其长。

怡园之构思，欲集吴中诸园之长，而荟于一园之中，苦费经营，故复廊仿沧浪亭，旱船仿拙政园，假山摹环秀山庄，而小院、石林学留园等。皆有迹可寻者。清同光间吴门画风崇尚摹拟，造园亦多受影响，怡园之筑，可以征之矣。

——陈从周

◆ 怡园景色

曾在冷摊上收到一本《可自怡斋试帖》，其中不少集句颇具研读，据说是顾文彬收集来为后代学习诗文所备。他所命名的怡园，即取意《论语》中"兄弟怡怡"，想必他是寄望于后人和谐、团结，共同进取。他自己的斋号则为"可自怡斋"。

随着怡园的建成，由此也成了画社、琴社、浪华旅行团等文化研究和交流基地，从这里走出了众多文化名家，当然也培育了顾家不寻常的家风文化。

说起以前，人们印象都是重男轻女。但在顾家不是，每到盛夏，家在朱家园的祖母都会带着很多孩子去怡园乘凉赏荷，但带的都是女孩子。大人们是这样想的：女孩子将来是要嫁人的，命运充满着不确定性，而男子只要给他留好家产，请好老师教授即可掌控，所以有什么好事都要先想到女孩们。

怡园西部以东西向的水池为中心，池南有鸳鸯厅，北称藕香榭，又名荷花厅，盛夏可自平台赏荷观鱼。女孩子们围绕着祖母对着荷花指指点点，叽叽喳喳，安坐下来，则可以品尝莲子和美食。当然这个时候，少不了拍照。那时候，全家拍个合影不容易。顾公硕先生喜欢摄影，而且颇具专业性，为家人拍照义不容辞，正好借此"练练手"。

子孙周岁，老人庆生，园林留影，顾先生都很热心亲自动手，自拍自洗。他在怡园拍摄孩子们时，不会像老照片里的摆设，而是随意抓拍，拍出来的照片形象、生动、有趣。

说起私家园林，很多人会以为，既然是私家的，那外人是不让进的。

在顾鹤逸那一代掌管时，靠着护龙大街的园子是对外开放的，唯一的要求是进去之前必须先递上一张名片。顾氏后人回忆，在园子的后部有座狐仙堂，孩子们到了晚上都不大敢过去了。实际上这是长辈故意设置的，当时进园的不少男女，留恋园景，卿卿我我，假山后，亭子里，有违公共场合的规矩。顾鹤逸就想了这招，还编了一个关于狐仙的故事传播，并设置狐仙堂，用来吓唬那些不大守规矩的游园男女，倒还真有些效果。

游园人当中，也有不少名士慕名前来探访园主，大名鼎鼎的康

◆ 顾鹤逸与儿孙辈合影

有为曾来过多次。每次求见顾鹤逸都不得，只得留下信来，后来还写诗表达遗憾。这个小故事多多少少也能印证出顾家的家教。小时候，孩子们就看到镌刻门楣上的十四条"宪法"，以警示子孙后代安心学问，不炫富，不掺和。而顾文彬还定下家规，家族所藏书画的继承人必须是学识和修养并存的优秀子孙。

由此想到顾家文化的先锋性，到了顾公硕一代，理念大为改观，这从他的《题跋古今》可见一斑：

> 历来书画的作伪伎俩，层出不穷，从而题跋作伪也防不胜防。有的割裂添补，居然天衣无缝，不易识破。当然，也有因技术拙劣而心劳日拙，欲盖弥彰。明代沈石田的假画特多，而假题跋的笑话也层出不穷，姑举一例，以博一笑。
>
> 有一个"沈启南记游卷"著录，陈焯的《湘管斋寓赏编》卷六中有一段题跋："辛亥之四月，余至枝山之居……枝山今年六十有一。"
>
> 按，沈石田生于宣德二年丁未（1427），此处的辛亥，应该是弘治四年（1491），那时石田为六十四岁，而祝枝山生于天顺四年（1460），这时才三十一岁，到枝山六十一岁时，石田已经死了十一年。但笑话还不止此，它末了还有石田成化乙未的重跋一则，就说"余老矣，追念旧游，恍如隔世"云云，成化乙未（1475）尚在辛亥（1491）之前十六年，岂有先重题而后作画之理，而成化乙未石田才四十八岁，也说不上老。前人著录中，这种笑话是很多的，所以尽信书不如无书，读者应加以鉴别。

尽信书不如无书，顾公硕正是依着这样的信条开始他的文化研究，由此作出了诸多开创性的论述，供后辈学人参考。

◆ 顾鹤逸夫人潘志玉与孙辈合影

◆ 顾家亲眷早期在怡园留影

◆ 顾公可夫人与女儿顾宁夫妇及外孙在怡园合影

◆ 怡园"画舫斋"内悬挂着顾文彬集的"怡园好"名句。作为怡园的主人，顾文彬曾集宋、元词170余联，制成楹联60余副，自撰《眉绿楼词联》，遍请名家书写，成为园林一绝。如集宋词题怡园藕香榭："与古为新，杏霭流玉；犹春于绿，荏苒在衣。"又

如集宋词题怡园奕书亭："千古须臾，当年事如对奕；一亭寂寞，公歌我亦能书。"又如集宋词题可怡斋："水云乡，松菊径，鸥鸟伴，凤凰巢，醉帽吟鞭，烟雨偏宜晴亦好；盘谷序，辋川图，谪仙诗，居士谱，酒群花队，主人起舞客高歌。"

◆ 怡园玉延亭。上书："艮庵主人雅志林壑，宦退后于居室之偏，因明吴尚书'复园'故址为'怡园'。既更拓园，东地筑小亭，割地植竹，仍'复园'旧榜曰'玉延'。主人友竹不俗，竹庇主人不孤。万竿夏玉，一笠延秋，洒然清风。不学涪翁咒笋已。壬午孟夏萧山汤纪尚谨署。"

◆ 怡园藕香榭，上有顾文彬的书法联："与古为新，杏霭流玉；犹春于绿，荏苒在衣。"

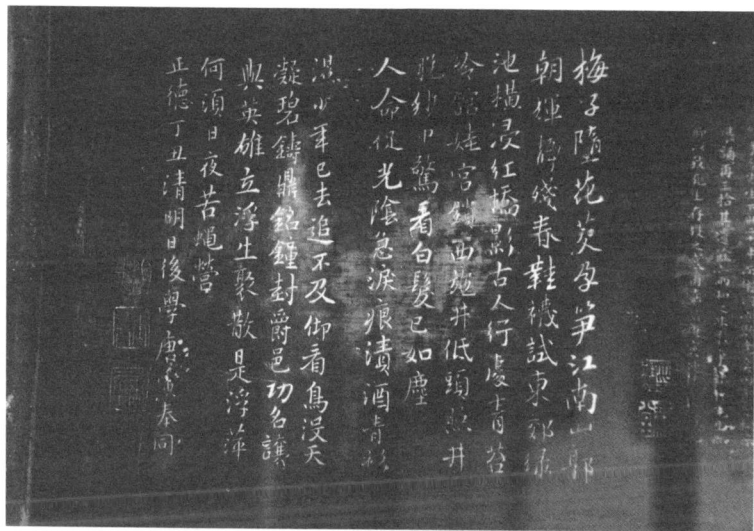

◆ 怡园里的一幅书条石，是唐伯虎的诗作《江南行》："梅子坠花茭孕笋，江南山郭朝辉静。残春鞋袜试东郊，绿池横浸红桥影。古人行处青苔冷，馆娃宫锁西施井。低头照井脱纱巾，惊看白发已如尘。人命促，光阴急，泪痕渍酒青衫湿。少年去，追不及，仰看鸟没天凝碧。铸鼎铭钟封爵邑，功名让与英雄立。浮生聚散是浮萍，何须日夜苦蝇营。"

# 过云楼再起

"过眼云烟"典出苏东坡，顾文彬一生服膺东坡，诗词中多次提及，想必取楼名时有意契合。苏东坡在《宝绘堂记》中说："譬之烟云之过眼，百鸟之感耳，岂不欣然接之，去而不复念也。"顾氏过云楼起于光绪，兴盛了几个时代，直到抗战事起，流落飘零，昔日的珍品藏物，各有归宿，其中定有成为"烟云之物"的。

顾文彬以"过云"命名收藏宝楼，就此他在《过云楼书画记》自叙中说："书画之于人，子瞻氏目为烟云过眼者也。余既韪其论，以名藏秘之楼。"又说："今此过云楼之藏，前有以娱吾亲，后有以益吾世世子孙之学。"

到了第四代后人，顾家人仍没有忘记先贤训令，顾公雄之子顾笃球曾这样回忆高祖："顾氏家族收藏书画的历史，可追溯到我的五世祖，至四世祖顾文彬，尤其钟情古书画的收藏，他一生殚精竭虑，多方搜求，积累书画墨迹达到数百件之多，作品的时间自晋唐至明清，连绵千年，其中有不少为传世的赫赫名迹。为此，文彬公特意营建过云楼和怡园，在楼园落成后的第六天，他就辞去浙江宁绍台道的官职，返家燕居，沉潜于书画艺文之中，怡怡自乐。他在晚年精选所藏书画250件，编纂成《过云楼书画记》十卷，著录了他一生搜集、赏析、研究历代法书名画的业绩。"顾笃球工理科，但不失艺术细胞，我曾在北京一个军工大院子拜访顾先生，并得见他的绘画作品，拿出来丝毫不输专业人士，只是先生谦虚，说自己是画着玩玩的。

由此再说到顾公硕之子顾笃璜先生，其书画、篆刻均是规矩中富有生趣，若不具有一定功底是难以完成的，只是先生一再谦虚，说自己不懂书画，非要说懂，也只能说懂那么一点点。或许，顾先生是亲眼见过太多的佳品、上品了，以至于如此谦虚，任谁"蛊惑"也不肯轻易下笔，哪怕是签一个名字。

不过，顾笃璜先生很热衷做一件善事：捐献。他继续走着父亲的路，且非常低调，不久之后，由他新捐献的一批文物将在过云楼陈列馆中与观众见面。

顾笃璜先生说，顾家从来没有把过云楼看成自己的财产，而认为这是一种责任："当时最好的楼里存放的都是文物，而人是住在楼的下面。"

在捐赠仪式上，苏州市文广新局局长陈嵘透露："目前过云楼陈列馆的展陈设计方案正在修改完善，过云楼陈列馆很快将进入布展阶段，力争明年上半年布展完成并对外开放。"今后还将在一定时期对顾氏宅院、怡园等进行修缮。

由于历史原因，顾文彬故居包括"过云楼"在内，长期以来为单位和民居混合使用，成为很多有识之士的心结，不少文化人士为之奔走呼吁，但似乎效果并不大。

1982年，苏州市通过文物普查，将整座顾宅以"过云楼"的名称，列为苏州市文物保护单位。为保护好苏州古城，充分发挥历史文化遗存的作用，20世纪90年代末曾有意在此成立"苏州市城市建设博物馆"，当时还准备在过云楼、艮庵两座建筑内办一个"过云楼文物书画陈列馆"，顾笃璜先生热烈响应。但此后不了了之。

有识之士不肯甘心，继续"上书"，于是有了这样一个政协提案和回复：

**关于建立"过云楼陈列馆"，为古城文化增添新亮点的建议**

市委、市政府提出了"三区三城"的发展目标，受此鼓舞，今特提案建议：在古城最繁华的观前和乐桥闹市地段，辟建"过云楼陈列馆"，为古城文化旅游再添光彩。

过云楼，位于干将路乐桥西，怡园南，紧靠人民路，与文物商店隔街呼应，原系怡园主人顾文彬故居中的藏画楼。顾文彬，南朝史学家顾野王后裔，清道光年间进士，同治年间官居浙江宁绍台道。其宅第是在明代状元吴宽旧居基础上改建，怡园里原名尚书里，即由此得名。过云楼则由顾文彬修建于同治十二年（1873），其所收藏的古今书画，经过顾文彬、顾承、顾鹤逸三代竭尽全力搜索珍品，藏品极为丰富，时有"江南收藏甲天下，过云楼收藏甲江南"之说，更被今人誉为全国六大收藏家之一。

同治、光绪年间曾以过云楼收藏为依托，以怡园为活动中心，形成名流鸿儒的雅集中心。一时群贤毕至，无论诗会、画会（兵部尚书吴大澂为会长）、曲会、琴会都在此举行，这里俨然成了苏州文化的一个中心，而其中书画的活动最为活跃，因而过云楼和怡园有"有清一代艺苑传人之殿"的赞誉。清末民国年间任阜长、顾沄、胡锡珪、任立凡、金心兰、陆廉夫、吴昌硕等都曾在过云楼临摹珍贵古迹，画艺飞跃，成为画坛大家。后起的大画家吴子深、王季迁、颜文樑等人在青年时也在过云楼临画学习多年而艺事大进。解放后过云楼藏品大部分都由顾氏后人无偿捐献给了国家，过云楼建筑为苏州市控保建筑，现属苏州市市政市容管理局下辖的苏州市地下管线管理所使用。楼前一排办公平房则是昔日顾文彬的书房艮庵，西侧大厅为明代古建筑，现由苏州市交通局所属的风光三轮车服务公司使用，系当年为主人招待宾客之所，又是演出昆剧的戏厅，在陪弄顶部有为女眷观剧特设的隐蔽看楼，从过云楼有门相通可以进入，这样的设施在苏州是独一的。

上世纪90年代过云楼修复之初，干将路指挥部与平江区文化馆联手曾准备成立"过云楼陈列馆"，并征得顾文彬五世孙顾笃璜同意，出任馆长。他已作好准备，将其所藏的过云楼文献资料等无偿捐献，提供陈列，但后来却因故未能实现。为此苏州文化界人士谢孝思、凡一、钱璎、陆文夫、吴养木、吴民先、周良、瓦翁、刘淑华、张继馨、尤崇仁、程宗骏、邱协耕及市老领导焦康寿等人联名上书市委，呼吁维持原来决定，筹建"过云楼陈列馆"，向社会开放。然而鉴于当时的时代背景，故后来也未能落实。

最近多位文化界人士为了让这座昔日的艺术殿堂能够重焕光彩，多次致信有关部门，并通过"政协主席接待日"反映，盼望能够挖掘保护怡园历史街区文化内涵，弘扬过云楼的文化特色，为苏州文化旅游事业作一份贡献。

为此我们认为：苏州市在古城保护和促进文化旅游方面的形势早已非昔日可比，我们正迎来一个崭新的文化大发展大繁荣时期，建立"过云楼陈列馆"，能够留住苏州文化史上那一段辉煌的历程，有利于启迪和教育后人；并能充分利用这一宝贝的历史文化资源和载体，彰显苏州深厚的历史文化底蕴，增添一个古城文化旅游新项目。恳切希望市政府能果断决策，并与市政市容管理局和交通局等相关部门协调，尽快搬迁出占用过云楼及西侧大厅的两个单位，即地下管线管理所和风光三轮车服务公司，建立"过云楼陈列馆"，以便早日实现老一代文化人的心愿。考虑到历史上过云楼和怡园的关系，以及有利于过云楼今后的开放和管理，具体工作建议可由市园林管理局和怡园管理处来操作落实。

**承办单位:苏州市园林和绿化管理局**

**答复时间:2011年5月24日**

**答复内容:对市政协十二届四次会议第051号提案的答复**

政协文史委：

你们提出的关于建立"过云楼陈列馆"，为古城文化增添新亮点的提案收悉，现答复如下：

过云楼修建于清同治十二年（1873），以收藏书画古籍等闻名海内外，近代史上无与伦比，人称"半壁江山过云楼"。现在上海博物馆收藏的宋、元及明清代表性字画,许多就是来自过云楼后人的捐赠。清代同治年间,时任浙江宁绍道台的顾文彬,在明代尚书吴宽旧宅遗址上营造八年建成怡园,主持营造的是顾文彬之子顾承。怡园是顾氏当年与社会名流交流切磋、畅谈收藏之地。顾文彬之孙顾麟士也是近代著名书画家、藏书家。光绪中叶,怡园名流云集,吴昌硕等人成为常客,通过过云楼,世人可以管窥苏州浓重的收藏氛围和深厚的人文底蕴。

我局接到该提案后,局党委高度重视,对提案中的有关建议作了认真分析,同时邀请园林专家、顾问和怡园后人顾笃璜先生进行了现场踏勘和研究。经过多次专家论证、研讨后,我们认为:从保护苏州古典园林完整性和历史文化延续性的角度来看,单纯建设过云楼陈列馆对区域环境的改善影响不大,应该以怡园的历史文化和造园艺术为依据,突出过云楼的文化地位,恢复怡园宅园合一的格局。目前我局已委托苏州园林设计院,以怡园为中心,对东至人民路、南至干将路、西至庆元坊、北至嘉余坊区域的历史原貌恢复进行方案设计。在这一区域内主要涉及顾宅、任宅和怡园的春荫义庄(现苏州歌舞剧团)。顾宅和任宅在干将路拓建工程中部分已损,但主体保存完好,苏州歌舞剧团也将搬迁,以怡园为中心的小区域综合整治客观条件已基本成熟。

在怡园历史原貌恢复方案的论证过程中,我们也非常希望听取政协文史委专家的意见和建议,不断拓宽思路和完善方案。待怡园周边区域历史原貌恢复方案形成后,我局将专门向市政府请示,并纳入明年工作计划。届时,希望得到你们的支持和帮助。

感谢政协文史委对园林保护.管理工作的关心和支持!

苏州市园林和绿化管理局

二〇一一年五月二十三日

◆ 2014年7月，正在修复中的过云楼主体建筑

　　看到此处不禁想到一个小插曲。1958年，作为苏州市政协委员的顾公硕也曾有一份提案："请发行市区公共汽车行车时刻表"。虽然当时未经办理，但这份提案可见顾公硕为民办事的热心。

　　如今，修缮过云楼、并拟开放成文化景点的方案已经初见端倪，根据2013年的新闻报道，过云楼陈列馆项目成为苏州市建筑遗产保护与利用的一项重大工程。当年秋季，苏州市人大常委会视察项目进展情况，市人大常委会主任杜国玲指出，修缮过云楼、铁瓶巷任宅和打造怡园历史街区要作为整体，统一研究规划设计，进一步理顺管理体制，确保修缮后不留遗憾。根据报道内容，过云楼修缮后，将成为展示苏州世族文化的窗口，陈列馆展陈方式以场景复原式为主，辅以相关历史实物的展示和史实背景介绍，主要讲述顾氏渊源、人物、过云楼收藏等，陈列过云楼藏书的影印本等。

　　过云楼早已经大名在外，如果连苏州人都不晓得过云楼在哪里或者说都进不去，岂不成了一个不小的笑话？欣慰的是，很多文化人士看到了曙光。

　　130多年前，顾文彬安坐过云楼，信笔写着他的"书画记"，其中一幅《仇十洲江南春卷》是这样写的："前明正嘉间，吾吴诸名士追

◆ 修复一新即将开放的过云楼陈列馆

和云林《江南春词》三十八家，袁永之编辑成帙，乾隆《江南通志》所录《江南春词集》是也。此卷即当时十洲为永之补图者。淡设色，略以青绿朱粉点缀，而山明水秀，柳软杏娇，翠阁一重，红楼十丈，童子扫花而拥帚，蛮奴担榼而穿堤，以及白马青丝，寻芳陌上，乌篷画舫，载酒船头，真有'堤外画船堤上马'意境。意十洲见衡山是图足以颉颃唐贤，故力避窠臼，与之竞爽，足为仇画第一。卷首陈雨泉书'江南佳丽'四字。后有石田、衡山、雅宜、酉室十家和词，皆见《江南春词集》。集所无者，惟黄姬水、张伯起两家，安得朱兰嵎重为楷录也？"

《江南春》长卷为仇英代表作，青绿山水，惊艳精绝，堪称上品，且有沈周、文徵明等人题词，顾文彬得此，心意爽然，他多么期待有识之士一同来欣赏家乡才子的佳作。

期待《江南春》盛景再现过云楼。

补记：2015年5月12日，在原地修复的过云楼陈列馆基本完工，内容布置也进入尾声，即将向社会开放，开放日为每周周二至周日。至此，过云楼文化真正实现了走向社会。接下来还将继续修复顾氏宅院、祠堂等等，以使其与顾氏怡园连为一体，成为一个江南文化盛族的典型实景。顾氏家族及过云楼也将更进一步地向社会开放，供人们研究、参观或游览。

# 后　记

　　翻看顾公硕的手迹，不时会有意外的收获。譬如在一篇日记中就这样记着：

　　　　1961年11月2日，上午，北京历史博物馆，馆长陈乔，南博陈列部梁白泉主任，座谈，中科学研究院历史研究所王主任

　　　　干将莫邪铸剑问题
　　　　太浦湖兽骨与箭头同时出土 当时社会生活是游牧还是渔猎
　　　　孙恩
　　　　张士诚
　　　　丝织业始于何时 有记载无文物如何解决
　　　　六朝书画家，有记载无文物如何解决
　　　　六朝以后，苏州已大量种小麦？
　　　　……

　　梁白泉，不是南京博物院原院长吗？著名的文物学者，被誉为"大运河保护第一人"，当下正好京杭大运河项目被列入世界文化遗产地项目，是否可以约梁先生谈谈顾公硕先生？

　　2014年5月15日，我与顾建新来到南京仙林，拜访"隐居"在此的

南京博物院原院长、著名学者梁白泉先生。老先生已是86岁高龄，早已经退出界外，安心学问，这次在倪方六先生的引荐下得以拜见。

梁白泉先生1951年毕业于南京大学（原中央大学），后来进入南京博物院工作，曾任陈列部主任、副院长、院长等。梁先生早期曾因保护大运河被誉为"保护大运河第一人"，还曾与潘谷西、蒋赞初等专家联合呼吁保护南京城南建筑以及多处文物地，备受关注。如今，老人安居石城东郊一隅，继续关心着中国传统文化的发展，每天坚持看书、思考，只是"述而不作"，幸有机构先见之明，安排了研究人员为老先生做口述实录。

坐在高大、厚实的书架下，满屋书香扑面而来，与窗外的郁郁葱葱形成了鲜明的对比，人文与自然，永远是世间最美的和谐之景。我先拿出了顾公硕的照片给梁白泉先生看，他说知道的知道的。事先在电话中提及顾公硕他就说认识，见了照片更觉亲切。他说，人家是老前辈了，是真学问家。

顾公硕比梁白泉先生大24岁，难怪梁白泉先生看到顾公硕的日记片段时，一再表示，人家是前辈、专家，我那时还不懂。梁白泉先生说，过云楼大名谁都知道，顾公硕先生人很好的，很儒雅，可惜的是他的悲剧。

说起这个日记小片段，梁白泉先生说当时南京博物院还受北京管制，他常常去北京汇报工作，那一次就是去见郑振铎的。看着顾公硕的老照片，他很是感慨地沉默了一会，接着去另外一个书房去了。过了一会，他出示了几个钢笔写的字：过云楼旧影录，古色古香，类似金文，又类似石鼓。原来他是去集字去了。接着他摊开宣纸，动笔书写横竖两幅，说供参考。写字时，梁白泉先生风趣地说，为人写书法有三种情况，一种是书法家，一种是名人，还有一种是亲戚朋友，他就属于第三种，因为和顾公硕先生是故交，因此书写。又说，书法分多种写法，他是属于画字的那种，谦虚而幽默。

由梁白泉先生与顾公硕的忘年交让我想到了画家贺野的回忆文章，贺野先生比顾公硕小23岁，当年曾与顾公硕共事多年，恭称其为

"顾老伯"：

现在只说我和老伯最初送绣品进京，与他的朋友们的轶事。当时一到北京，文化部就对刺绣等等作品进行了审查，记得参加审查的有高个的文化部领导郑振铎、和彭恭甫身材完全相仿的叶恭绰，当晚全国美协请我们到全聚德吃烤鸭，陪客有五六位，我知道的只有郁风，她是名作家郁达夫的侄女，久闻大名，在席间谈笑风生，不知怎的，他们相互间竟当场吵起架来，我们倒不好意思，面面相觑。当晚住在什刹海全国美协招待所，老伯不知怎的，和木刻家力群也很熟悉，我们还吃到延安来的小米红枣的拉糕。顾老伯第二天就领我住在王府井南口原是王爷贝勒多的锡拉胡同，这是他去香港的朋友托他看管的。我们住了四合院的正房，好生了得，房屋宽大，有纱窗，有瓷砖，有抽水马桶，好像还有还十分陌生的冰箱等等。老伯又领我去参观故宫博物院，当时刚开放不久，与现在能看到的多得不可比拟。因为有他的朋友，我们还能够参观了库房，还有所谓"冷宫"，与《甄嬛传》中的大不相同，只是更为残败荒凉的宫殿罢了。领我们参观等当然是老伯的朋友：还有不是别人，而是大名鼎鼎的沈从文。我因为爱好文艺，读过一些鲁迅的书，竟然想象从文先生定是一位"洋场恶少"，少不了西装革履，戴着金丝眼镜的阔教授，及至看到本人，却是位身材不高，似乎成年穿这身棉袍的笑吟吟的乡下老先生。我们大约还到他家参观，只是一间房，中间还挂着一条被单，可见住房很挤。我当时心头还嘀咕：一个有名的文化人，其待遇为何如此简陋？但现在要说明的是，我看到的是否就是从文先生的家，实无多大把握。但不管如何，我们就此有了交往。我和顾老伯大约帮沈先生捎回一些土产，一齐到九如巷张宅拜访，和张家四姐妹的弟弟晤谈，从文先生后来来苏州，也专门到工艺美专来造访，还自掏腰包，在古董店买了四五只青花瓷盘相赠，我慎而重之将其放在资料室陈列，后来竟被红卫兵乒啉乓嘟砸得稀巴烂，真是可惜！

贺野先生与顾笃璜先生为挚友，想必在一起也会说说顾公硕的事。贺野先生常常自谦，说那个时候我也不懂事，顾老伯弄好方案了，还说要我把关修订，其实我哪里比他懂呢。往事提起来，悲欢交集，因此他在文章的最后这样写道：

苏东坡著名的悼亡词中"不思量，自难忘"，道出了思念逝去的至亲良友的常有的心态，我曾用此题悼念已去的凡一，现也用此思念公硕先生；不过东坡接着想的是亡妻王弗墓地："明月夜，短松冈"，而我接着想的则是虎丘山的断山剩水，我常将它比作风雨如磐的汨罗江畔，满怀悲愤的屈原正在此蓬发行吟。不，公硕先生没有长发，他正远眺汹涌着青春波涛的太湖，在从未有过的高架、高速，有轨电车和车流环绕中，他在无数鲜花丛中破涕微笑，我甚至还听到那熟悉的笑声。是的，正是这样的笑声，我懂。

相信贺野先生是懂得顾公硕的，因为他与当事人相处共事多年，但我同时还相信，以后还会有更多不认识顾公硕的人会知晓他，并试着了解他那短暂而富有成就的美的历程，进而理解他。

顾氏后人对此书一直非常支持，并希望说明，此书的照片只是历经浩劫后仅存的一部分，有相当一部分或者被损坏，或者遗失了，因此人物可能不全。同时说明，此书所用的顾公硕先生遗存照片并非一人所摄，也可能是浪华旅行团其他成员所摄。此书除了编辑顾公硕遗存照片外，还根据需要，转载了少数有关顾家建筑、园林和书画类的图片，在此一并感谢。

此书能够得成，要感谢众多顾氏后人。同时还要感谢杜国玲女士的大力支持。感谢苏州地方志办公室，尤其是文化人士徐刚毅先生的支持。还要感谢顾野王工作室负责人顾建新先生。

感谢顾公硕先生的朋友、文化前辈钱璎女士，她一直鼓励我们，把这件事做下去，说很有意义。感谢画家贺野先生。

感谢苏州过云楼文化研究会所有同仁们的支持。

由于编者水平有限，且时间仓促，难免会有差错，还请方家多多包容和指教，感谢。

我们始终相信，过云楼文化的传承、顾公硕先生的人生追求、传统文化的承续等等，这些事情会越来越有意义。一定会。

编　者

2014年7月30日

**图书在版编目（CIP）数据**

过云楼旧影录 /顾公硕摄影；王道编注. —杭州：浙江
大学出版社，2015.8
ISBN 978-7-308-14335-6

Ⅰ．①过… Ⅱ．①顾… ②王… Ⅲ．①中国历史-现代
史-史料 Ⅳ．①K260.6

中国版本图书馆CIP数据核字(2015)第008656号

## 过云楼旧影录

顾公硕　摄影

王　道　编注

**责任编辑**　杨利军

**责任校对**　张一弛

**出版发行**　浙江大学出版社
　　　　　　（杭州市天目山路148号　　邮政编码　310007）
　　　　　　（网址：http://www.zjupress.com）

**排　　版**　杭州林智广告有限公司

**印　　刷**　浙江海虹彩色印务有限公司

**开　　本**　880mm×1230mm　1/32

**印　　张**　9.625

**字　　数**　230千

**版 印 次**　2015年8月第1版　2015年8月第1次印刷

**书　　号**　ISBN 978-7-308-14335-6

**定　　价**　48.00 元